AF460423

ORGANISATION

POLITIQUE

DU PEUPLE.

RÉALISATION

DE L'ORDRE ABSOLU ET DE LA LIBERTÉ ILLIMITÉE.

PAR F. COIGNET,

Auteur de la *Réforme du Crédit et du Commerce*.

PARIS

LIBRAIRIE PHALANSTÉRIENNE

29, QUAI VOLTAIRE, ET 2, RUE DE BEAUNE.

JUIN 1851.

ORGANISATION POLITIQUE

DU PEUPLE.

RÉALISATION DE L'ORDRE ABSOLU ET DE LA LIBERTÉ ILLIMITÉE.

Le mal n'est point d'être attaqué; l'important est d'être défendu.
LOUIS-PHILIPPE.

Il n'est plus possible de gouverner que par les masses : il faut donc les organiser.
LOUIS-NAPOLÉON BONAPARTE.

Si on nous donnait le pouvoir, qu'en ferions-nous ? DE FLOTTE.

INTRODUCTION.

L'opinion publique est aujourd'hui saisie d'une des plus grandes questions qui ait jamais surgi dans l'histoire de l'humanité.

A savoir: s'il est possible de trouver une forme de gouvernement qui assure l'ordre absolu, sauvegarde les grands intérêts de la société et consacre en même temps pour l'individu l'usage de toute sa liberté, c'est-à-dire le libre essor de ses facultés morales, intellectuelles et physiques.

Tous les efforts tentés jusqu'à ce jour pour opérer la réalisation simultanée de l'ordre et de la liberté ont complètement échoué. Aussi est-il arrivé que les préoccupations de l'intérêt collectif l'emportant sur celles de l'intérêt individuel, que l'ordre paraissant plus précieux que la liberté, cette dernière, à défaut d'une conciliation en apparence impossible, a toujours été sacrifiée.

Mais aujourd'hui le principe d'autorité, cet éternel champion de l'intérêt collectif, est tombé dans un tel discrédit ; les essais de toutes les formes de gouvernement ont produit tant d'impuissance et de désordre; la masse des intérêts individuels réclame si énergiquement la restauration de la liberté par l'éducation et le bien-être universels, que force est bien de reconnaître l'insuffisance du principe d'autorité, car non seulement il est comme toujours antagoniste de la liberté, mais il ne peut même plus désormais sauvegarder l'ordre.

Il importe donc, pour éviter de tomber dans l'anarchie, d'entrer dans une voie nouvelle; il faut trouver enfin le nouveau principe de gouvernement qui permette d'asseoir, sur la même base inébranlable, l'ordre, auquel personne ne peut vouloir renoncer, et la liberté que tout le monde veut conquérir.

Nous avons la conviction profonde que l'heure est venue de la solution de ce problème jusqu'à ce jour insoluble ; nous croyons notre siècle appelé à formuler cette solution et à la mettre en pratique.

La nécessité de trouver un principe nouveau est si généralement sentie que dans les diverses écoles, dans tous les partis, dans toutes les classes, les hommes intelligents, emportés par un élan irrésistible, ont entrepris à la fois la recherche de cet élément nouveau.

Le premier entre tous, M. Proudhon, a démontré l'insuffisance, la caducité du principe d'autorité et l'impuissance de tous les gouvernements basés sur l'autorité ; conduit par la logique, il conclut nécessairement de la négation de l'autorité, à l'affirmation de la liberté, et présenta à l'opinion, comme base des gouvernements à l'avenir, ce qu'il appelait l'An-Archie ou annulation complète du pouvoir. Malheureusement, comme toujours, cet écrivain éminent, entraîné par la passion politique, au lieu de chercher les conditions nécessaires à la réalisation de ce principe nouveau, sembla se complaire à présenter ses idées sous la forme la moins susceptible de les faire accepter par l'opinion publique, et compromit ainsi ce qu'il y avait de vrai, de juste et de fécond au fond de ses propositions.

Dès la même époque, la même idée surgissait sur un autre point ; un membre distingué de la constituante allemande, M. Rittinghausen, formulait la proposition du gouvernement direct du peuple, affirmant la possibilité et la nécessité de l'intervention directe de tous, sans aucune exception, dans la gérance de la chose publique.

Depuis peu, à son tour, notre ami Victor Considerant, ce chef aimé et estimé de l'école phalanstérienne, n'écoutant suivant son usage que la voix de sa conscience, est venu jeter la puissance de ses convictions et de sa plume, l'éclat de son talent dans cette discussion ; il a reconnu carrément, franchement, qu'il n'y a d'autorité possible et légitime que celle de tous, et passant de la théorie à la pratique, il a proposé les moyens d'organiser effectivement le gouvernement du peuple par lui-même.

Son exemple fut bientôt suivi par M. Ledru-Rollin et après lui par le parti démocratique presque tout entier ; et ce qui peut servir à démontrer que l'idée de l'intervention de tous est vraie, c'est qu'elle convertit la plupart de ceux-là mêmes qui naguère encore n'apercevaient l'avenir démocratique du pays qu'à travers une dictature, et se résignaient ainsi à subir pour une période indéterminée, l'absorption complète de la liberté par l'autorité.

D'un autre côté, M. de Girardin, infatigable pionnier de la pensée, explorait une autre voie; au lieu de préconiser le gouvernement de tous, il entreprenait sous le titre de simplification du gouvernement, de prouver qu'une concentration, la plus complète qui fût jamais, de toutes les forces gouvernementales dans une seule main était la condition de la réalisation simultanée de l'ordre et de la liberté.

Pendant que ces publicistes accomplissaient cette œuvre, nous accomplissions, dans notre modeste sphère, en même temps qu'eux, le même travail ; et, par une autre voie, nous arrivions au même but.

Abordant le problème social par le côté économique, de déductions en déductions, nous avons fini par reconnaître qu'aucune réforme économique n'était possible sans une réforme politique préalable que nous avons reconnue être l'intervention de tous dans les fonctions gouvernementales.

Nous croyons utile de décrire rapidement la marche que nous avons suivie pour arriver à ce résultat, persuadé que cette relation pourra contribuer à éclairer les hommes qui, engagés comme nous dans la voie économique, n'ont pu encore trouver les moyens de réaliser les réformes.

Voici notre point de départ.

Tout le mal provient évidemment de la mauvaise organisation économique de la société.

D'où vient donc que la source du mal étant reconnue, il est impossible d'appliquer un remède?

Nous avons dû croire, comme tant d'autres, que le jour où un homme dévoué au bien public serait aux affaires, il lui serait possible de décréter des réformes, ou tout au moins d'en prendre l'initiative de manière à donner satisfaction à tous les intérêts légitimes.

Cette croyance ne fut pas de longue durée. Dès l'année 1848, délégué auprès de M. Tourret (de l'Allier), alors ministre de l'agriculture et du commerce, nous le sollicitions de prendre l'initiative des réformes. Mais nous fûmes bientôt édifié par ce ministre lui-même sur la radicale impuissance des gouvernements en matière de réformes, et, en tête de notre publication *la Réforme du Crédit et du Commerce*, nous citâmes les paroles de ce ministre loyal et nous les répétons ici :

« Un ministre de l'agriculture et du commerce, nous di-
» sait M. Tourret, ne peut proposer des réformes profondes
» qu'à la condition de se voir appuyé par la masse des inté-
» rêts. S'il agit seul, il rencontre des obstacles énergiques,
» actifs, qui s'opposent aux réformes.

» Si donc l'agriculture et l'industrie veulent des réformes,
» il faut qu'industriels et agriculteurs se réunissent, discu-
» tent, s'agitent et formulent leurs vœux.

» Alors un ministre ainsi soutenu pourra réaliser ce qui » sera utile. »

Il résulte donc de ceci que les gouvernements, par eux-mêmes, sont sans force et sans appui contre les obstacles, et que fussent-ils pleins de force, il leur manquerait encore les moyens d'agir, la possibilité matérielle de réaliser les réformes, en un mot, un mécanisme administratif.

Trouver la force, le point d'appui et les moyens de réalisation furent dès ce moment notre unique préoccupation.

En août 1848, nous déposâmes à l'assemblée constituante une pétition demandant la création, sur toute la surface de la France, de chambres agricoles et manufacturières, comme moyen de donner au gouvernement la force d'agir et le moyen de réaliser.

Notre pétition n'eut pas la chance de sortir des cartons.

Ayant plus tard publié la *Réforme du Crédit et du Commerce*, de nombreux amis nous engagèrent à prendre l'initiative de l'agitation, à entreprendre en France une campagne à la Cobden, en un mot, à solliciter directement les intérêts producteurs. Certes, une pareille mission était trop honorable pour être rejetée, et très probablement alors, dans l'ardeur de nos convictions, dans la ferveur de notre dévouement, nous n'eussions pas reculé devant une entreprise pourtant fort au-dessus de nos forces.

Malheureusement, sur ces entrefaites survinrent les événements du 13 juin 1849, et dès ce moment le régime de compression et de terreur que la réaction triomphante a donné à la France rendit tout espoir d'agitation, même pacifique, impossible ; nous n'eussions pas fait dix lieues que les priviléges ameutés nous eussent fait jeter dans un cul de basse-fosse, afin d'y mûrir nos théories à loisir.

Ainsi cerné, force a bien été de nous replier sur nous-même ; il a bien fallu que notre raison, ramenée à la réalité, reconnût que les gouvernements, simulacres trompeurs de la puissance, ne pouvaient agir efficacement; car ils sont fatalement destinés par suite de leur faiblesse et par leur isolement à devenir les complices du privilége dans sa lutte incessante contre le progrès et contre la liberté.

Nous dûmes donc reconnaître que l'heure des réformes économiques n'était point encore arrivée, et que tout progrès véritable était impossible jusqu'à l'avènement d'une nouvelle organisation politique.

Cette organisation politique, suivant nous, consistait dans l'alliance de tous les intérêts producteurs et consommateurs, énergiquement unis pour résister à la coalition des priviléges.

Mais en creusant la question, nous nous aperçûmes bientôt qu'organiser ces intérêts producteurs et consommateurs, C'ÉTAIT EN FAIT ORGANISER LE PEUPLE TOUT ENTIER.

Partant de là, il nous restait peu à faire pour voir que

cette organisation du peuple était une organisation politique entière et toute nouvelle, dans laquelle nous crûmes découvrir la solution des problèmes les plus importants de notre époque.

Il y avait donc là un élément nouveau : l'intervention directe du peuple.

Nous recherchâmes les conditions de cette intervention de manière à donner satisfaction tout à la fois à l'ordre absolu et à la liberté illimitée; nous crûmes, comme nous le croyons encore, que cette double satisfaction se trouverait :

Dans la représentation réelle du peuple au sein de la commune, chaque commune ayant son assemblée représentative destinée à fournir LA FORCE ET LE POINT D'APPUI nécessaires pour vaincre les obstacles ;

Dans une organisation d'assemblées hiérarchiques cantonnales, départementales et nationales, fruits de l'élection à plusieurs degrés, organisation qui donnerait les moyens matériels de réaliser les réformes.

Plus nous étudiâmes ce mécanisme, plus nous demeurâmes persuadé de son efficacité. Aussi, frappé de sa grandeur et de sa simplicité, nous le présentâmes au commencement de 1850 à des hommes politiques très haut placés, ainsi qu'à des chefs d'école ; mais il arriva ce qui devait arriver : c'était trop tôt ; l'opinion publique n'étant pas saisie, notre projet fut traité d'utopie.

Cependant les idées ont marché ; ce qui était utopique a cessé de l'être, et parmi ceux qui nous repoussaient, il en est qui, devenus plus utopiques que nous, en sont d'un seul bond arrivés à la suppression de tout pouvoir, de toute autorité, de toute délégation.

A présent que le terrain est mieux préparé, nous allons produire le système que nous avons étudié et que nous avions proposé il y a longtemps déjà. Puissions-nous avoir soulevé un coin du voile qui couvre la vérité.

IMPUISSANCE DES GOUVERNEMENTS PAR MANQUE DE POINT D'APPUI ET DE MÉCANISME ADMINISTRATIF.

Nous n'avons pas l'intention de nous arrêter sur l'organisation du pouvoir exécutif et du pouvoir législatif. Ces questions ne sont pas mûres et nous les croyons destinées à subir pendant longtemps encore de nombreuses transformations.

Notre but est l'exposition d'un élément tout nouveau dans la politique, l'organisation de deux pouvoirs jusqu'alors inconnus, ou sans emploi, du moins dans la forme que nous présentons :

LE POUVOIR CONSULTATIF;
LE POUVOIR ADMINISTRATIF;

innovations politiques dont les bons effets pourraient être obtenus quelle que soit la forme du mécanisme gouvernemental auquel la souveraineté du peuple confierait l'exercice du pouvoir exécutif et du pouvoir législatif.

Toutefois, nous admettons volontiers avec M. de Girardin que le pouvoir exécutif, que la direction de la gérance du pays doit être confiée à un ministre dirigeant, élu par le peuple au suffrage universel et direct.

Nous admettons aussi avec lui que l'élection de ce ministre doit avoir lieu toutes les années et qu'il doit être rééligible à perpétuité.

De même que nous admettons, avec les partisans du gouvernement direct du peuple, que le pouvoir législatif, c'est-à-dire le vote des lois, appartient au peuple tout entier, chaque citoyen ayant le droit d'accepter ou de rejeter les lois, et de prononcer souverainement sur elles, sauf à trouver un mode assez parfait pour donner à cet acte de toute-puissance la réalité et la vie.

Mais nous croyons que M. de Girardin a oublié la moitié du problème et qu'il s'est complètement fait illusion lorsqu'il a supposé qu'un gouvernement semblable serait assez puissant pour triompher des obstacles et pour réaliser les réformes.

Malgré l'autorité de M. de Girardin, nous ne pensons pas que dans la société actuelle, dépourvue de foi, d'activité et d'unité, il puisse être donné à un gouvernement, tant énergique soit-il, de trouver en lui-même la force, le point d'appui et les moyens d'action nécessaires.

Nous sommes profondément convaincu qu'un ministre dirigeant, dépourvu de force et d'appui, viendrait échouer comme tous ses devanciers, contre la résistance des priviléges faute d'être compris, soutenu et défendu.

Nous sommes profondément convaincu que ce ministre, de deux choses l'une, se verrait forcé comme tous les gouvernements du petit nombre où de faire appel à la force et à la compression pour réaliser violemment ses théories, abandonnant ainsi la liberté, ou de prendre son point d'appui dans l'organisation du peuple.

Nous croyons donc que le système que nous allons décrire peut être appelé, sauf toute modification, à compléter le système de M. de Girardin, complément sans lequel le mode proposé par ce courageux publiciste serait, suivant nous, inapplicable ou au moins insuffisant.

Cela dit, nous entrons en matière.

Il est une chose incontestable aujourd'hui, c'est la nécessité d'opérer des réformes assez radicales, assez profondes, pour donner satisfaction à tous les intérêts, à tous les droits légitimes, afin de mettre un terme à l'antagonisme qui divise les diverses classes de la nation, et de ramener la paix et la bonne harmonie entre tous les membres de la société.

Sauf une infime minorité de privilégiés, tout le monde est convaincu de cette nécessité ; le peuple entier réclame les réformes. Propriétaires, prolétaires, agriculteurs, manufacturiers, patrons et ouvriers : tous succombent sous leurs maux et appellent ces réformes à grands cris.

Il semblerait, à première vue, que rien n'est plus facile que de donner satisfaction à des vœux aussi légitimes et aussi unanimes ; il semblerait qu'il ne s'agit que d'avoir à la tête des affaires un gouvernement dévoué au bien public, à la justice, pour obtenir la réalisation de ces réformes si universellement reconnues indispensables, et c'est dans l'espoir de trouver enfin ce gouvernement dévoué, que les peuples s'acharnent sans repos aux changements politiques, espérant toujours qu'ils trouveront enfin ce gouvernement modèle qui réalisera leurs vœux.

Hélas ! les gouvernements n'y peuvent rien par eux-mêmes ; quelle que soit leur forme, quelle que soit leur force apparente, ils sont tous aussi impuissants les uns que les autres : vingt gouvernements renversés depuis soixante ans nous le prouvent.

La France a essayé de tout : de la monarchie absolue, de la monarchie tempérée, de la République absolue, de la République tempérée, de la forme constitutionnelle ; tout a été vain ; et pourtant, parmi ces gouvernements, il y en a eu d'honnêtes, de dévoués, qui auraient voulu asseoir leur durée et leur puissance sur la satisfaction des intérêts généraux ; tous ou presque tous ont eu l'ambition de faire le bien du peuple.

Aucun d'eux n'a réussi.

Si l'un de ces gouvernements avait pu agir, s'il avait pu réaliser les réformes si ardemment demandées ;

S'il avait pu, par exemple, enrichir la production et la consommation de toutes les sommes annuellement et inutilement payées par elle aux fonctions parasites de l'usure, de l'agiotage, de la spéculation et de l'accaparement, quel n'eût point été, dans ce cas, l'amour des peuples pour ce gouvernement ! N'est-il pas évident que, béni par les populations, loin d'être obligé de chercher à conquérir honteusement des lambeaux de pouvoir et de durée, il eût puisé dans la reconnaissance des peuples une puissance sans bornes, une durée sans limites et une gloire impérissable ?

Pourquoi donc ne s'est-il jamais trouvé un gouvernement qui ait pu accomplir une tâche si glorieuse et en apparence si facile ?

Parce que les gouvernements se sont jusqu'à ce jour TROUVÉS SANS FORCE ET SANS POINT D'APPUI.

Parce que, lorsqu'il s'est agi de réaliser les réformes, les gouvernements n'ont jamais eu les moyens de vaincre les obstacles soulevés par les ennemis des réformes.

Chaque fois qu'un gouvernement quelconque s'est avisé de vouloir opérer une réforme sérieuse, chaque fois qu'un ministre a voulu corriger un abus, à l'instant, sur la surface entière de la France, les privilégiés de toutes les classes, tous ceux qui vivent des abus, se sont réunis dans une cause commune ; à l'aide de la calomnie et de la peur habilement mises en jeu, ils sont parvenus à grouper autour de leurs intérêts égoïstes des millions de dupes et à former ainsi une immense coalition qui n'a eu de repos que lorsqu'elle a réussi à renverser le malencontreux gouvernement ou l'audacieux ministre qui pouvait être seulement soupçonné de vouloir porter une main téméraire sur l'arche des abus et des priviléges (1).

Machinations souterraines, aggressions violentes, faux bruits, mensonges, exagérations perfides : tous les moyens étaient employés jusqu'à ce qu'enfin, assailli de toutes parts, paralysé dans sa marche, incapable de faire face à tant d'attaques et d'inimitiés, l'audacieux gouvernant, sentant le vide autour de lui, ne sachant où trouver force et appui, aide et secours, se voyant en face d'un obstacle insurmontable, en arrivait à renoncer à ses projets de réformes ou succombait le plus souvent, honteux et désespéré, sous les coups de la coalition.

Ce qui s'est passé depuis 60 ans se passerait encore aujourd'hui, même pour un gouvernement démocratique, même pour un gouvernement socialiste ; les choses restant d'ailleurs ce qu'elles sont, il demeurerait aussi impuissant que ses devan-

(1) C'est ainsi que M. Teste, sous le règne de Louis-Philippe, s'avisa de vouloir apporter quelques réformes dans les abus du notariat; cette velléité de réforme fut durement relevée par les notaires, soutenus par tous les tenants et aboutissants des priviléges, et M. Teste paya de son portefeuille sa criminelle audace.

Ce fut encore ainsi que quelques intérêts privés empêchèrent la dernière royauté d'agrandir l'influence de la France par un traité de commerce avec la Belgique.

ciers; et cela est si bien senti que naguère encore, un démocrate connu, un socialiste, s'écriait à la tribune de l'Assemblée législative : Si l'on nous donnait le pouvoir, qu'en ferions-nous? Et ce mot était l'expression de la vérité.

En effet, si un gouvernement démocratique, socialiste même, arrivait aux affaires, il n'est pas douteux que ses premiers efforts, ses premiers actes auraient pour but l'organisation des institutions de crédit.

Eh bien! aussitôt qu'il aurait manifesté ses intentions, un profond silence, avant-coureur de l'orage, se produirait; puis, peu à peu, dans l'ombre, tous ceux que pourrait atteindre l'institution nouvelle, les usuriers, les agioteurs, les capitalistes prêteurs sur hypothèque, les spéculateurs, les accapareurs, formeraient entre eux une ligue puissante; leurs rangs se grossiraient rapidement des fonctionnaires de tout grade, des privilégiés de tout ordre et des dupes de toutes classes, et bientôt surgirait une coalition formidable dont le réseau couvrirait la France.

Les coalisés, spéculant sur l'ignorance du peuple, malheureusement trop générale encore, attaqueraient, sourdement d'abord, puis ensuite à visage découvert, la nouvelle institution.

La moindre erreur, la moindre faute, démesurément grossie et envenimée; le moindre désordre, pourtant si inséparable d'une organisation nouvelle, seraient habilement exploités : les défiances seraient semées, le doute serait jeté sur la validité des titres et des opérations.

Et bientôt le peuple, ébranlé, perdrait confiance en cette institution, dont la chute ne se ferait pas attendre, entraînant avec elle le gouvernement qui aurait eu la rare audace de troubler la prise de possession des priviléges et des fonctions inutiles.

C'est en vain que le gouvernement réformateur ferait appel à la nation; c'est en vain qu'il demanderait à ceux qui doivent profiter de la réforme, c'est-à-dire à tous les producteurs et à tous les consommateurs, c'est en vain qu'il leur demanderait la force et l'appui nécessaires pour résister à la coalition des priviléges : la nation serait sourde à cet appel, ou du moins elle n'y répondrait pas, elle ne pourrait y répondre;

Car la nation n'est point organisée; le peuple, livré à l'individualisme, divisé, morcelé, sans lien commun, sans solidarité, en proie à la méfiance par suite de l'isolement et au désespoir par l'excès de souffrances, le peuple n'apporterait aucun secours.

Il faudrait, pour que ce gouvernement réformateur pût trouver force et appui, aide et secours, que ceux en faveur de qui serait proposée la réforme, que les producteurs et les consommateurs fussent organisés, solidarisés, afin que cette organisation, que cette alliance pût être opposée à la coalition des privilégiés, qui, eux, unis comme un seul homme, profitent de la division et de la faiblesse de leurs victimes.

Or, si tous les gouvernements ont été impuissants jusqu'à

ce jour, s'il est permis de croire que la même impuissance attendrait encore les gouvernements futurs, cette impuissance ne peut être attribuée qu'à la division, à l'incohérence du peuple, qui laisse les gouvernements sans force et sans appui en butte aux aggressions des privilégiés.

Mais le manque de force et d'appui n'est pas la seule cause de cette impuissance.

Un gouvernement, fût-il assez fort par lui-même (chose qui ne peut être), n'eût-il besoin d'aucun appui pour oser entreprendre les réformes, ses projets ne seraient pas moins frappés d'impuissance, car il lui manquerait la possibilité matérielle de la réalisation.

Il lui manquerait LE MÉCANISME ADMINISTRATIF.

En effet, en continuant de supposer l'arrivée aux affaires d'un gouvernement démocratique, en admettant que son origine, le concours de l'opinion publique, lui donneraient force et appui, il n'en serait pas moins impossible à ce gouvernement d'opérer la réalisation de nouvelles institutions de crédit, pas plus que de toute autre réforme, car il lui manquerait un nombre suffisant d'hommes capables, dévoués, honnêtes, inspirant au peuple une confiance absolue.

En un mot, il manquerait à ce gouvernement le mécanisme administratif; et cet empêchement, passé inaperçu jusqu'à ce jour, serait assez puissant pour paralyser ses efforts.

Un exemple mémorable en a été fourni le lendemain de la révolution de février. Le gouvernement provisoire avait à envoyer dans les départements des commissaires extraordinaires; on ne leur demandait aucune connaissance spéciale, mais seulement de l'intelligence, du zèle et du dévouement : or, qui ne se rappelle combien il a été difficile aux gouvernants d'alors de faire de bons choix?

Que serait-ce donc si un gouvernement démocratique, voulant réaliser une vaste réforme de la circulation, avait tout-à-coup besoin de trouver plusieurs milliers d'hommes ayant des connaissances spéciales en banque et en commerce, et réunissant chacun, d'ailleurs, toutes les qualités d'un bon administrateur!

Evidemment, ce gouvernement ne les trouverait pas, et, faute d'agents capables et dignes, il lui deviendrait impossible d'opérer la réforme à laquelle pourtant son existence serait attachée.

Donc, pour qu'un gouvernement démocratique fût plus heureux que tous ses devanciers, pour qu'il pût s'établir d'une manière durable et irrévocable par le fait de la réalisation des réformes, il faudrait qu'il pût trouver

LA FORCE ET LE POINT D'APPUI NÉCESSAIRES POUR RÉSISTER A LA COALITION DES PRIVILÉGES;

UN MÉCANISME ADMINISTRATIF COMPLET ET SUFFISANT POUR LA MISE EN PRATIQUE.

Or, ce mécanisme et cette force, dont tous les gouvernements ont été privés jusqu'à ce jour, ne peuvent se trouver, selon nous, que DANS LE PEUPLE LUI-MÊME qui se compose presque tout entier de producteurs et de consommateurs, — MAIS DANS LE PEUPLE ORGANISÉ.

Et, en effet, qui est intéressé aux réformes ? Le peuple. Qui donc doit aider, défendre, soutenir les réformes ? Le peuple.

Mais pour qu'un peuple accorde son aide à la réalisation des réformes, il faut qu'il les connaisse et qu'il les accepte.

Il est donc de toute nécessité qu'un gouvernement démocratique ne tente aucune réforme sans avoir au préalable consulté le peuple tout entier et sans avoir obtenu son consentement; de telle sorte qu'un gouvernement, fort de ce consentement, agirait alors bien réellement au nom du peuple, deviendrait bien réellement l'exécuteur de ses volontés, acquerrait ainsi une force irrésistible devant laquelle fléchiraient tous les obstacles.

C'est pour n'avoir jamais demandé au peuple ce consentement, pour ne l'avoir jamais consulté au préalable, que les gouvernements sont toujours demeurés impuissants.

Donc, si les gouvernements veulent être forts, s'ils veulent trouver un appui certain et sincère, s'ils veulent acquérir la gloire de réaliser les réformes, ils doivent organiser le peuple ET LUI REMETTRE LE POUVOIR CONSULTATIF; c'est-à-dire qu'ils ne doivent jamais prendre une mesure quelconque sans, au préalable, avoir consulté le peuple organisé et avoir obtenu son consentement.

Par ce moyen, les gouvernements auront annihilé la première cause de leur impuissance; ils auront enfin trouvé la force et le point d'appui; mais il leur manquera encore le mécanisme administratif.

Ce mécanisme indispensable, c'est encore dans le peuple organisé qu'ils le trouveront; en effet, nous avons dit qu'un mécanisme administratif, pour être complet, devait réunir un nombre d'hommes suffisant et possédant toutes les qualités capables d'inspirer la confiance.

Il est évident que ce ne sont pas les hommes capables qui manquent, mais il ne suffit pas qu'ils existent, encore faut-il que le gouvernement puisse les connaître.

Or, qui est intéressé à faire de bons choix ? Le peuple. Qui peut le mieux connaître, dans chaque localité, l'homme capable et le plus digne d'inspirer la confiance ? Evidemment le peuple, c'est-à-dire l'ensemble de tous les citoyens.

Donc, le peuple doit choisir les administrateurs.

Et c'est à ces administrateurs choisis par le peuple que le gouvernement doit remettre le pouvoir administratif.

Ainsi secondé par LE PEUPLE TOUT ENTIER, ayant sous la main un nombre d'hommes capables et inspirant toute confiance au peuple, le gouvernement aura vaincu la seconde difficulté, IL AURA TROUVÉ UN MÉCANISME ADMINISTRATIF.

Toute la question politique est là, suivant nous; car c'est parce que le peuple n'a jamais été consulté, parce qu'il n'a jamais été appelé à gérer lui-même ses propres affaires, que les gouvernements ont tous été impuissants.

Rois, empereurs, dictateurs, présidents, provisoires ou non, ont tous misérablement succombé, sans pouvoir découvrir à temps la cause de leur faiblesse; nul d'entre eux n'a su comprendre qu'un gouvernement placé en face d'obstacles formidables et n'ayant derrière lui qu'un peuple divisé, sans organisation, qu'on ne consulte jamais, même sur les questions qui le touchent le plus; qui n'intervient jamais dans ses propres affaires; dont toute l'action doit se borner à une obéissance servile : qu'un gouvernement, disons-nous, ainsi séparé du peuple, était une tête séparée du tronc;

Une tête qui commande, un corps qui ne peut obéir, puisque, entre la tête et le corps, il y a solution de continuité.

Aucun d'eux n'a su voir que cette lacune, devenue un abîme sans fond, était l'absence du pouvoir consultatif et administratif remis au peuple.

Aussi est-il arrivé que les gouvernements, privés de la force, du point d'appui et du mécanisme administratif que leur aurait procurés l'intervention du peuple, n'ont jamais pu agir, quoiqu'ils aient créé, pour suppléer à ce vide, des simulacres de conseils et d'administrations; mais conseils et administrations factices dont la propre imperfection et la propre insuffisance sont venus ajouter encore à l'impuissance des gouvernements.

Que le pouvoir consultatif et le pouvoir administratif soient donc attribués au peuple, qui, seul, peut les exercer utilement; que le peuple soit consulté sur chaque question; qu'il demeure chargé de choisir les administrateurs qui lui inspirent le plus de confiance, et à l'instant les gouvernements trouveraient dans l'organisation du pouvoir consultatif et du pouvoir administratif la force, le point d'appui et le mécanisme.

Alors seulement l'action féconde succéderait à l'agitation stérile, et l'ère des améliorations réelles, du progrès pacifique serait définitivement inaugurée

---

REPRÉSENTATION DU PEUPLE DANS LA COMMUNE.

Moyen de donner aux gouvernements la force et le point d'appui.

De même que l'impuissance du principe d'autorité a amené l'opinion à reconnaître que dès ce moment la vie politique des peuples devait pivoter sur le principe de liberté,

De même les abus et les mauvais résultats de la délégation produisent dans l'opinion une vive tendance vers la suppression de toute délégation et vers le gouvernement direct du peuple.

Cette idée radicale et séduisante de l'intervention réelle de tous sans exception dans le gouvernement du pays, jetée, avons-nous dit, dans la discussion publique par MM. Proudhon, Rittinghausen et Considerant, a provoqué instantanément de nombreuses adhésions dans le parti démocratique.

Malgré ce succès rapide, nous ne pouvons admettre la possibilité de réaliser immédiatement et complètement ce mode absolu de politique.

Quoique, en principe, nous admettions l'égalité de droits de tous les hommes, quoique nous admettions par conséquent que tout citoyen ait droit à participer à la gestion des affaires du pays, néanmoins nous subordonnons l'exercice de ce droit à la possibilité de le mettre en pratique.

Aussi, malgré toutes les bonnes raisons données par les initiateurs du gouvernement direct, nous croyons que de nombreux obstacles s'opposent aujourd'hui à l'intervention réelle de tous sans exception dans le gouvernement.

Le gouvernement direct du peuple est un but à atteindre, un idéal qu'il faut tendre à réaliser le plus tôt possible. Mais on ne peut atteindre un but sans parcourir la voie qui y conduit.

Pour amener la fin, il faut les moyens.

Or, les moyens de l'égalité politique absolue sont la liberté et l'aptitude universelle.

Les obstacles à la réalisation de ce système sont donc l'ignorance et l'intolérance.

L'ignorance, malheureusement trop générale encore, soumettrait sans défense la masse des citoyens dans chaque section délibérante à l'influence inévitable de quelques ambitieux, de quelques intrigants, qui passionnant, égarant, trompant la crédulité populaire, la feraient mouvoir à leur gré, de telle sorte que la France, au lieu de se gouverner elle-même ainsi que n'hésitent pas à l'avancer les partisans du gouvernement direct, serait en réalité gouvernée par l'intrigue, par l'ambition d'un petit nombre d'hommes, par une coterie adroite et puissante, par une confrérie peut-être.

Ce déplorable résultat serait sans doute moins à craindre dans les villes où l'intelligence des travailleurs est déjà aujourd'hui si largement développée. Mais les villes sont la minorité; les campagnes, formant la grande majorité, ne sont point aussi avancées, et l'on peut prétendre, sans trop de témérité que l'exercice du gouvernement direct ne serait pas entouré de toutes les garanties nécessaires d'indépendance et d'aptitude.

L'intolérance serait aussi un grave obstacle, car l'exercice du gouvernement direct suppose le plus profond respect de la liberté individuelle; ce système admettant l'intervention de tous, exige que tous puissent prendre part aux discussions, que tous puissent émettre leur opinion avec sécurité et en toute liberté.

Mais ce respect de la liberté individuelle est-il dès aujourd'hui assez entré dans nos mœurs? Nous avons peine à le croire. Il n'y a pas bien longtemps encore, au lendemain de la révolution de Février, lorsque le peuple se réunissait dans ses clubs, la tolérance existait-elle? La liberté de parler était-elle entièrement respectée? N'est il pas vrai que trop souvent la violence, l'esprit de coterie, l'exaltation du moment substituaient à la discussion calme, que la contradiction libre eût pu féconder, un entraînement passionné qui allait même jusqu'à l'intimidation et la menace? Evidemment, dans beaucoup de ces réunions la liberté n'existait pas. Que serait-ce donc dans les campagnes, où le travailleur agricole, en grande majorité, est encore si complètement étranger au mouvement d'émancipation qui entraîne les villes? N'est-il pas hors de doute que ces masses ignorantes subiraient sans défense des influences qu'elles redoutent, mais auxquelles elles obéissent? Encore une fois, en réalité, ce serait donc un petit nombre d'hommes qui gouverneraient le peuple, lequel dans leurs mains ne serait comme aujourd'hui qu'un instrument.

A cet obstacle moral et, suivant nous, invincible aujourd'hui, viendrait se joindre un autre obstacle matériel et non moins puissant, L'ORGANISATION ACTUELLE DE L'ATELIER PRODUCTEUR, qui, dans l'agriculture spécialement, tient les travailleurs séparés les uns des autres et dispersés à de grandes distances, et d'où résulterait une perte de temps qui deviendrait un dommage irréparable dans l'état de misère et de pénurie où se trouve aujourd'hui la société.

La question de distance serait nulle pour les villes, mais il n'en serait pas de même pour les campagnes où le plus souvent chaque citoyen serait chaque jour obligé de faire plusieurs lieues pour accomplir son devoir.

Sans doute, quelques patriotes zélés, quelques hommes d'élite, pénétrés de leur mandat, vaincraient toutes les difficultés et ne manqueraient pas d'assister à toutes les séances. Fatigues, peines, frimas, rien ne leur ferait obstacle; mais la masse encore indifférente, mais les travailleurs si surchargés de labeurs et qui, accablés de lassitude, trouvent déjà bien longue la distance qui sépare leurs champs de leur misérable chaumière, comment pourraient-ils se décider à assister régulièrement aux séances des sections? N'est-il pas évident ou qu'ils n'y viendraient jamais, ou qu'ils n'y paraîtraient que de loin en loin? Alors, en leur absence, l'intrigue, l'ambition, les coteries toutes-puissantes, résoudraient les questions et en définitive, comme aujourd'hui, la France serait gouvernée par le petit nombre, mais pour ainsi dire frauduleusement, subrepticement, par la ruse et par voie détournée,— tout ce qu'il y a de plus dangereux et de plus honteux; et au surplus, l'indifférence n'existât-elle pas, les citoyens français fussent-ils tous transportés d'une égale et commune ardeur, que deviendrait la production au milieu de ces allées et de ces venues? Comment s'accomplirait le travail, par des travailleurs incessamment préoccupés de toutes les questions de pouvoir exécutif, de législation, d'administration?

Hélas, avant tout, il faut travailler et produire sous peine de la misère : que la production s'arrête un jour, et la France est perdue.

Sans doute, il existera un jour un état de société où l'atelier producteur, même l'atelier agricole, sera organisé de manière à ce que tout citoyen, sans perte de temps, sans déplacement, sans fatigues, pourra prendre directement part à toute discussion; où la bonne et économique organisation du travail, généralisant le bien-être, augmentant la masse des produits, donnera plus de loisir au travailleur et l'affranchira, enfin, de la menace toujours suspendue sur sa tête : la misère et la faim; où une instruction intégrale, également et gratuitement donnée à tous, aura rendu tous les citoyens capables d'exercer les fonctions gouvernementales; ALORS, MAIS SEULEMENT ALORS, TOUTE DÉLÉGATION DEVIENDRA SUPERFLUE.

Mais cet état social, il faut le créer d'abord, et nous craignons fort que nos amis, poussés par leur ardeur vers le bien, et subissant une erreur commune à presque tous les novateurs, prenant la fin pour les moyens, n'aient fait abstraction du présent pour se transporter dans un idéal réservé à l'avenir.

Pour le moment, en admettant en principe la substitution de l'autorité de tous à l'autorité de quelques privilégiés, nous croyons indispensable encore le maintien de la délégation.

Mais à la condition que cette délégation serait la représentation vraie, réelle, vivante du peuple; qu'elle serait l'expression exacte de sa volonté; qu'elle ne deviendrait jamais, en aucun cas, un pouvoir indépendant de lui, un rival de sa puissance.

Exercée dans ces conditions, la délégation ne présenterait plus les abus et les vices qu'on lui a attribués.

Il est vrai que la délégation issue du suffrage universel tel qu'il a été appliqué après Février a produit des conséquences désastreuses; mais il ne faudrait pas en conclure que c'est la faute du principe de la délégation en lui-même, mais bien que le mal provient de sa mauvaise application, et qu'il ne s'agirait que de réaliser un système de délégation plus parfait, plus vrai, pour en obtenir des résultats aussi bons dans l'avenir qu'ils sont funestes dans le présent.

La délégation telle qu'elle a été mise en pratique depuis la révolution de Février ne pouvait produire autre chose que ce qu'elle a enfanté. N'est-il pas évident qu'un peuple souverain qui n'use de sa souveraineté que pour se réunir pendant une minute tous les trois ans, afin de choisir des délégués, des représentants qu'il ne connait point, dans le but de leur faire accomplir une besogne inconnue que ces délégués, pour la plupart, sont d'avance incapables d'accomplir, de telle sorte que le peuple souverain ne paraît sur la scène politique que pour choisir au hasard de nouveaux maîtres auxquels il a la folie de donner sur lui-même le droit de vie et de mort, auxquels il confie le sort de la patrie, son honneur, son repos, son existence, son présent et son avenir; n'est-il pas évident qu'une pareille application de la délégation est absurde, et ne peut engendrer que l'anarchie, la confusion et le mensonge?

Mais de pareils résultats pourraient-ils se produire, si le peuple choisissait ses délégués toutes les années, au lieu de les élire tous les trois ans; si ces délégués étaient absolument, parfaitement connus de chacun des électeurs; s'ils fonctionnaient sans cesse sous leurs yeux et sous leur surveillance immédiate et réelle? N'est-il pas évident que la délégation ainsi exercée ne présenterait plus d'inconvénients et ne serait plus un danger pour le pays?

Or, ces conditions ne pourraient être réunies que dans la commune, car la commune est le seul lieu où le peuple pourrait matériellement s'assembler et délibérer, le seul lieu où sa surveillance pourrait réellement et efficacement s'exercer; le seul lieu, enfin, où il pourrait choisir ses délégués en toute connaissance de cause, les connaître assez pour juger leurs titres à la délégation; parce que dans la commune seule il pourrait de sa présence suivre les délibérations et s'instruire directement aux discussions de ses représentants; parce que, enfin, c'est dans la commune que se concentrent tous ses intérêts, toutes ses affections.

Exercée dans la commune, la délégation serait bien véritablement la représentation du peuple; car agissant au nom du peuple, étant constamment en rapport avec lui, s'inspirant incessamment de ses conseils, de ses besoins et de ses volontés, elle exercerait le pouvoir consultatif exactement comme l'eût fait le peuple lui-même.

En conséquence, nous admettons que pour établir une délégation sincère et satisfaisante,

TOUS LES HABITANTS DE CHAQUE COMMUNE SE RÉUNI-

RAIENT CHAQUE ANNÉE POUR CHOISIR PARMI EUX, AU SUFFRAGE UNIVERSEL DIRECT ET NON RESTREINT, UN CERTAIN NOMBRE DE DÉLÉGUÉS.

On conçoit que la représentation du peuple dans la commune ne pourrait être sincère, vraie et réelle, que si la majorité et la minorité s'y trouvaient exactement représentées, c'est-à-dire que si la majorité était 6 et la minorité 4, le nombre des représentants de la majorité devrait être 6, et celui de la minorité 4.

Aucun des systèmes électoraux mis en vigueur jusqu'à ce jour n'a pu donner ce résultat de vérité; tous n'ont abouti qu'à faire représenter exclusivement la majorité.

Nous croyons néanmoins très possible, facile même, l'application d'un système électoral donnant pour résultat des assemblées communales, images fidèles de l'opinion dans la commune, où non-seulement la majorité, mais les diverses fractions de la minorité soient mathématiquement représentées.

Quoi qu'il en soit du mode électoral adopté, la réunion des délégués nommés au scrutin dans chaque commune formerait une assemblée représentative de la commune.

Il y aurait donc autant d'assemblées communales qu'il y a de communes (1).

Les assemblées communales seraient renouvelées intégralement chaque année, toujours au suffrage universel non restreint.

Elles délibèreraient publiquement.

Il est clair que ces assemblées communales, dont les membres, choisis dans la commune, seraient parfaitement connus des électeurs, seraient la représentation bien sérieuse, réelle, vivante, des habitants de la commune, qui les auraient élus en toute liberté.

Ainsi choisis en connaissance de cause, il est évident que les membres élus des assemblées communales, à peu d'exceptions près, seraient les habitants les plus capables et les plus dévoués de la commune.

Cette élection dans la commune mettrait par conséquent en relief, d'un seul coup, tout ce qu'il y a en France de forces vives, de probité, de capacité et de dévouement.

Les assemblées communales seraient donc, en masse, l'élite

---

(1) Nous ne voulons parler ici que des communes agricoles ayant une faible population; il va sans dire que les grandes villes seraient partagées en sections, ayant chacune son assemblée. Les sections étant assimilées aux communes, chaque section, par exemple, pourrait être de deux mille habitants, de telle sorte que Paris serait partagé en cinq cents sections, et aurait par conséquent cinq cents assemblées, équivalant chacune à une assemblée de commune agricole.

de la France, et par le fait de cette élection dans chaque commune, les gouvernements se trouveraient directement mis en rapport avec l'élite de la nation française.

C'est au moyen de cette organisation, c'est dans le concours des assemblées communales, dans la représentation du peuple dans la commune que les gouvernements devraient trouver la force et le point d'appui.

C'est ce que nous allons essayer de prouver.

Admettons qu'à la tête des affaires du pays se trouve un gouvernement possédant la confiance du peuple et trouvant la force et le point d'appui dans l'organisation politique du peuple, dans la représentation du peuple dans la commune.

Supposons que le peuple, de son côté, vienne de choisir ses délégués, de nommer sa représentation communale.

Le peuple serait donc représenté par quarante mille assemblées communales.

Admettons que ce gouvernement démocratique, pour affranchir le peuple des extorsions de l'usure, de l'agiotage et de l'accaparement, veuille, entre autres réformes, opérer la réalisation d'une nouvelle institution de crédit, de la banque d'état, par exemple, et des agences commerciales.

Au lieu de procéder comme tous les autres gouvernements ses devanciers; au lieu de promulguer de superbes décrets, frappés d'impuissance presque avant d'être nés, par la force d'inertie ou par l'opposition active des intérêts alarmés; au lieu de publier d'éloquentes proclamations faisant appel au dévouement du peuple; au lieu de faire appel au patriotisme des privilégiés et de leur demander des sacrifices auxquels ils ne veulent pas consentir,

Le gouvernement, avant toute chose, chercherait à savoir si l'opinion publique est favorable aux réformes, si la majorité des intérêts est prête à fournir à ce gouvernement la force et l'appui dont il a besoin pour résister à la coalition des privilèges.

Le gouvernement démocratique formulerait donc ses projets; il y joindrait un exposé des motifs simple, clair, précis, qui aurait pour but de signaler les abus qu'il s'agit de corriger, les maux qu'il s'agit de soulager, les avantages que les producteurs et les consommateurs peuvent attendre de la réforme proposée.

Puis il adresserait ces projets et cet exposé des motifs à chacune des quarante mille assemblées communales, les engageant toutes à les étudier, à les discuter, et, finalement, à lui donner leur avis, en les modifiant, les approuvant ou les rejetant.

Alors, tout aussitôt éclairées par l'intérêt personnel, toujours si perspicace, toutes les assemblées communales, établissant une discussion publique sous les yeux du peuple entier, commenceraient une investigation ardente des projets et de l'exposé des motifs, et cette investigation, guidée par la clarté des projets eux-mêmes, par l'évidence des motifs, serait réelle et efficace, car elle serait faite à la fois dans les quarante mille communes de France, et tout ce que la France compterait d'hommes intelligents y prendrait part.

Finalement, après avoir analysé les projets, après en avoir pesé les motifs, après avoir discuté chaque article, chaque assemblée communale passerait au vote et les adopterait ou les rejetterait.

Quel que fût, d'ailleurs, le résultat du vote, un immense résultat serait obtenu; car dans ce seul fait d'une discussion publique et libre sur des questions aussi graves, d'un intérêt aussi brûlant, touchant à l'organisation même de la société, il résulterait de cette discussion, pour la liberté et pour l'ordre, pour la paix et la conservation des droits légitimes, pour la puissance et la consolidation du gouvernement démocratique, une garantie toute nouvelle, une force imprévue et irrésistible.

L'IGNORANCE SERAIT VAINCUE ET DISSIPÉE. Huit jours de discussion, pour ainsi dire établie dans les entrailles du peuple, l'instruiraient plus que des milliers d'années de despotisme.

Or, l'organisation des assemblées communales ne dût-elle produire que ce résultat, de faire pénétrer la lumière et la vérité jusque dans les couches les plus profondes de la population, que cela suffirait pour motiver leur création.

Nous avons admis que les quarante milles communes se sont prononcées, et qu'elles ont rejeté, ou approuvé, ou modifié les projets du gouvernement : il s'agirait alors de faire connaître le résultat du vote de chaque commune au gouvernement même, afin qu'il pût bien réellement apprécier la volonté de la France.

On conçoit sans peine que si le gouvernement, pour connaître le vœu de chaque assemblée communale, était obligé de prendre connaissance de chaque procès-verbal de chacune des séances de ces assemblées; s'il était obligé d'étudier une à une toutes les modifications apportées et toutes les considérations ayant amené le refus ou l'acceptation des projets;

On conçoit que ce serait matériellement impossible. Il faudrait trente ans pour dépouiller et lire un à un ces quarante mille cahiers. Le gouvernement, en définitive, serait obligé d'agir sans avoir pris réellement l'avis de la nation.

De telle sorte que le pouvoir consultatif ne serait plus qu'une fiction constitutionnelle.

Il est évident qu'entre le gouvernement et les assemblées communales il devrait exister un organe intermédiaire destiné à condenser et à transmettre fidèlement aux gouvernants les vœux et les volontés des communes.

Cette fonction serait remplie par les assemblées cantonales, départementales et nationales, dont nous allons décrire l'organisation.

Les assemblées communales d'un canton choisiraient chacune dans leur sein deux délégués.

Les délégués des assemblées communales d'un canton formeraient une assemblée cantonale.

Cette assemblée cantonale, fruit d'un second degré d'élection, serait indubitablement composée en majorité des hommes les plus distingués du canton, puisqu'ils seraient le choix d'un premier choix.

Chaque assemblée communale d'un canton adresserait à l'assemblée cantonale dont elle relèverait un cahier contenant le procès-verbal de ses délibérations, les modifications qu'elle désirerait dans les projets présentés par le pouvoir exécutif, et enfin les motifs de son refus ou de son acceptation.

L'assemblée cantonale opèrerait le dépouillement de ses cahiers communaux et les fondrait tous en un seul cahier cantonal, résumant les vœux, les modifications, les motifs de refus ou d'acceptation, et enfin les résultats des scrutins des assemblées communales.

Les quarante mille cahiers des assemblées communales se trouveraient donc réduits, par le fait de l'intervention des assemblées cantonales, à trois mille cahiers cantonaux environ.

Or, un gouvernement ne pourrait pas plus étudier sérieusement trois mille cahiers que quarante mille. Il faudrait donc arriver à une plus grande condensation.

En conséquence, les assemblées cantonales d'un département choisiraient dans leur sein deux délégués.

Les délégués des assemblées cantonales d'un département formeraient une assemblée départementale.

Cette assemblée départementale, fruit d'un troisième degré d'élection, se trouverait, à coup sûr, formée de l'élite du département.

Chaque assemblée cantonale d'un département adresserait à l'assemblée départementale dont elle relèverait le cahier dans lequel elle aurait condensé et fondu tous les cahiers des assemblées communales, cahiers qui ne serait que l'exposé concret des votes de ces assemblées.

L'assemblée départementale opèrerait le dépouillement de ces cahiers cantonaux et les fondrait en un seul cahier départemental, relatant avec fidélité, purement et simplement, les vœux, les modifications, les motifs de refus ou d'acceptation, et enfin le résultat des scrutins de toutes les assemblées cantonales et communales.

Les trois mille cahiers cantonaux se trouveraient donc réduits à quatre-vingt six cahiers départementaux.

Ce serait trop encore. Un gouvernement ne pourrait pas plus étudier quatre-vingt six cahiers que trois mille, que quarante mille.

En conséquence, toutes les assemblées départementales de France choisiraient dans leur sein cinq délégués.

Tous les délégués de toutes les assemblées départementales formeraient UNE ASSEMBLÉE NATIONALE CONSULTATIVE.

Cette assemblée nationale consultative, fruit d'un quatrième degré d'élection, serait inévitablement composée des hommes les plus éminents de France en tout genre.

Chaque assemblée départementale adresserait à cette assemblée le cahier dans lequel elle aurait condensé et fondu tous les cahiers des assemblées cantonales.

L'assemblée centrale opèrerait le dépouillement des cahiers des assemblées départementales et les fondrait en un seul, qui résumerait fidèlement les vœux, les modifications, les votes de la France entière.

De telle sorte que le pouvoir exécutif n'ayant plus à étudier qu'un seul et unique cahier, pourrait parfaitement se rendre compte de la volonté de la nation, du concours qu'il pourrait en attendre.

Et, de plus, les projets ayant été soumis à toutes les intelligences du pays, il n'est pas douteux que le gouvernement y trouverait l'occasion de s'éclairer et d'adopter quelques modifications nécessaires à un plus grand succès (1).

Dans le cas où la majorité rejetterait ce projet, en repoussant par ce fait la mise en pratique, ce rejet prouverait que le pays n'est pas prêt, qu'il a besoin de s'éclairer davantage, que l'opinion publique a besoin de plus de maturité; et ce but serait précisément atteint par la discussion publique, qui, sous les yeux du peuple, se serait établie dans chaque assemblée communale, qui aurait pour ainsi dire fondé tout-à-coup en France quarante mille chaires d'enseignement. Cette discussion à ciel ouvert ne manquerait pas de solliciter l'intelligence du peuple et de la préparer de telle sorte que l'année suivante le peuple, plus éclairé, mieux avisé, ayant à nommer de nouvelles assemblées communales, ou enjoindrait à ses délégués communaux l'acceptation du projet du gouvernement, ou nommerait de nouveaux membres qui seraient favorables à l'acceptation.

Un rejet dans ce cas pourrait donc n'être qu'une partie remise, le gouvernement se réservant d'en appeler à la nation plus éclairée.

---

(1) Nous croyons utile d'insister sur ce point que l'intervention des assemblées cantonales, départementales et nationales, dans la condensation successive des cahiers, ne serait point un exercice de la souveraineté ni du pouvoir consultatif; ces assemblées n'ayant à opérer que le dépouillement des cahiers et leur condensation, la souveraineté et le pouvoir consultatif résideraient dans le peuple et dans les assemblées communales, de même que le mécanisme administratif appartiendrait, suivant nous, aux assemblées hiérarchisées ainsi que nous allons le voir.

Toujours est-il que même en cas de rejet, le gouvernement serait complétement mis à l'abri; il cesserait d'être responsable, car il aurait fait tout ce qu'on pouvait avoir le droit d'exiger. La majorité de la nation deviendrait seule responsable vis-à-vis de la minorité, qui ne pourrait pas accuser le gouvernement d'immobilisme ou de trahison. Situation bien différente de celle dans laquelle se trouvent aujourd'hui les gouvernements, qui, ne pouvant jamais savoir si leurs projets sont ou non approuvés par la majorité du pays, sont toujours responsables de tout le mal qui se fait et de tout le bien qui ne se fait pas.

La situation d'un gouvernement serait bien meilleure encore si la majorité des assemblées communales approuvait le projet; il acquerrait, par le fait de cette adoption, une force irrésistible; il aurait enfin trouvé, pour agir, la force et le point d'appui; énergiquement soutenu et défendu par tous ceux qui auraient étudié, discuté et finalement adopté le projet, secouru par toutes les intelligences du pays, qui, par l'acceptation du projet, seraient devenues les complices du gouvernement et qui, en défendant le projet, défendraient leur propre cause; le gouvernement ainsi secondé, fort de l'appui de la majorité, ne craindrait plus les attaques des privilégiés, car au lieu de se trouver, comme aujourd'hui, isolé de la nation, au lieu de s'agiter dans le vide, au lieu de se trouver seul contre tous les obstacles, ce gouvernement aurait enfin conquis des adhérents passionnés et éclairés jusque dans le plus petit village de France.

Une fois le projet du pouvoir exécutif adopté par le pouvoir consultatif, c'est-à-dire par la majorité des assemblées communales, il ne s'agirait plus que de le transformer en loi (1).

La loi étant formulée et votée il ne resterait plus qu'à la mettre en pratique;

C'est-à-dire qu'il ne s'agirait plus que de trouver un mécanisme administratif suffisant; or ce mécanisme parfait d'administration se trouverait, selon nous, dans l'organisation des assemblées hiérarchisées de commune, de canton, de département et de la nation qui, non seulement alors seraient, ainsi que nous l'avons vu, l'organe intermédiaire entre la représentation du peuple dans la commune et le gouvernement, mais encore donneraient à ce gouvernement le mécanisme administratif qui a toujours manqué jusqu'à ce jour.

---

(1) En admettant que le pouvoir législatif serait exercé par le peuple lui-même, un projet de loi déjà élaboré par les assemblées communales n'aurait plus besoin, pour devenir une loi du pays, que d'être soumis au vote du peuple, chaque citoyen ayant alors à se prononcer purement et simplement par oui ou par non.

ORGANISATION DES ASSEMBLÉES HIÉRARCHISÉES.

Moyen de donner aux gouvernements le mécanisme administratif.

Nous avons admis l'installation d'un gouvernement dévoué au peuple et ayant pris l'initiative de la mise en pratique d'une institution nouvelle de crédit destinée à répandre ses bienfaits sur toute la surface de la France.

Nous avons supposé cette institution acceptée par le pouvoir consultatif, c'est-à-dire par la représentation du peuple dans la commune, et transformée en loi.

Resterait donc à mettre en pratique cette nouvelle institution de crédit. Il ne s'agirait de rien de moins, quel que soit le système adopté, pour l'établir de manière à ce qu'elle pût porter immédiatement et partout à la fois les fruits qu'en attendrait un gouvernement démocratique, que de créer un réseau complet de comptoirs et souscomptoirs qui embrasserait la surface entière du pays et pourrait ainsi faire face à tous les besoins. Ce vaste réseau, pour être suffisant et complet, devrait être organisé de la manière suivante :

A Paris un vaste comptoir central, pivotal, auquel viendraient aboutir les opérations de tous les comptoirs de France ;

Dans chaque département, une succursale, un comptoir auquel viendraient aboutir les opérations de chaque sous-comptoir du département ;

Dans chaque canton, enfin, un sous-comptoir.

Il serait nécessaire, pour créer ce vaste réseau de comptoirs et de sous-comptoirs, de trouver immédiatement un nombre suffisant de directeurs-gérants, d'experts, de surveillants, d'employés de tous genres réunissant chacun les qualités d'un bon administrateur : probité, capacité, dévouement ; il faudrait, en outre, savoir choisir ces employés de manière à ce que leur intelligence fût proportionnelle à l'importance de leurs fonctions, c'est-à-dire que les agents du comptoir central dévraient être d'une capacité supérieure à celle des comptoirs de département, ceux des comptoirs de département supérieurs à ceux des sous-comptoirs de canton, et ce serait juste, puisque les fonctions seraient plus importantes. En un mot, il faudrait que le gouvernement trouvât d'un seul coup plusieurs milliers d'hommes spéciaux et réunissant assez de qualités pour inspirer la confiance.

Il n'est pas douteux que si, conformément à l'usage suivi

jusqu'à ce jour, le gouvernement, sous prétexte d'autorité, voulait, de par sa propre volonté, organiser lui-même les comptoirs et nommer à tous les emplois, depuis le directeur en chef jusqu'au moindre garçon de caisse, il n'est pas douteux que le gouvernement échouerait inévitablement; il ne pourrait pas organiser, et ses choix d'employés seraient désastreux.

Incapable de rien faire par lui-même, il serait obligé de confier l'organisation à ses agents.

Dans l'impuissance où il serait de connaître les employés qu'il aurait à nommer, d'apprécier leur probité et leur zèle, ce gouvernement qui serait d'ailleurs assailli par les solliciteurs et circonvenu par ses familiers deviendrait le jouet du hasard ou l'esclave du favoritisme. Comme il lui serait impossible de juger sainement et en connaissance de cause, de distinguer lui-même le degré de mérite des employés, il les nommerait aveuglément, et tel agent, par exemple, à peine digne de diriger un sous-comptoir de canton serait appelé à la direction d'un comptoir central; ce qu'il y a de pis c'est que ces agents seraient pour la plupart indignes, infidèles, incapables, ou de secrets adversaires.

Si bien que l'incapacité, l'improbité, le mauvais vouloir des agents se joignant aux difficultés d'une entreprise aussi vaste, engendreraient des erreurs, des fautes, des malversations, dont s'emparerait avidemment la coalition des ennemis de la nouvelle institution qui aggravant le mal par de perfides manœuvres, aurait bientôt amené le peuple, malheureusement si crédule encore, à douter de la bonté des projets du gouvernement. Le peuple, découragé, circonvenu, effrayé, se retirerait peu à peu, et quelques mois après la tentative d'organisation, on verrait succomber la nouvelle institution de crédit, écrasant sous ses décombres l'impuissant gouvernement qui aurait cherché à l'établir sans avoir les moyens suffisants.

Heureusement, ainsi que nous l'avons dit, l'organisation des assemblées hiérarchisées de commune, de canton, de département et de la nation, doit donner à un gouvernement, indépendamment de la force et du point d'appui, un mécanisme parfait d'administration.

En effet, au lieu d'agir par autorité, le gouvernement ferait appel à la hiérarchie entière des assemblées, et se mettrait ainsi en rapport avec tout ce que la France renferme de capacité, de probité, de dévouement, et c'est à ces assemblées, entièrement formées des hommes qui inspireraient le plus de confiance au peuple, puisque c'est lui qui les aurait nommés, qu'il remettrait le soin d'organiser le réseau des comptoirs de la banque nationale et des agences commerciales, et de nommer les employés de tout grade nécessaires à cette organisation.

C'est ainsi que l'assemblée nationale, composée des délégués des quatre-vingt-six assemblées départementales, aurait à organiser le grand comptoir central, à nommer les directeurs, sous-directeurs et employés, et à choisir dans son sein un certain nombre de ses membres les plus aptes, les plus dignes, pour en former un conseil permanent de surveillance.

Les assemblées départementales, de la même manière, seraient chargées d'organiser les comptoirs de département, de nommer les gérants et employés, et enfin de choisir dans leur sein le conseil de surveillance.

Et enfin les assemblées cantonales, à leur tour, organiseraient les comptoirs de canton, nommeraient aux emplois et choisiraient dans leur sein le conseil de surveillance.

Nous ne craignons pas d'affirmer que cette organisation administrative, qui pourrait s'appliquer d'une manière analogue à toute autre question que celle d'une nouvelle institution de crédit, réunirait toutes les conditions d'une administration parfaite et complète : Unité d'action, centralisation énergique, nombre suffisant d'hommes spéciaux, capables, probes, dévoués, et enfin intelligence proportionnelle à l'importance des fonctions, donnant ainsi au gouvernement le concours d'un mécanisme administratif qui lui a toujours manqué jusqu'à présent.

De telle sorte qu'un gouvernement réformateur trouvant dans l'organisation du peuple en assemblées communales LA FORCE ET LE POINT D'APPUI, dans les assemblées hiérarchisées LE MÉCANISME ADMINISTRATIF, fort de l'appui du peuple, ayant une base inébranlable dans le concours actif de l'élite de la nation, acquerrerait la possibilité d'agir et de vivre dans l'intérêt général, et de faire par le peuple et pour le peuple, sans avoir à redouter la coalition des priviléges, tout ce que la justice, le bon droit, la sagesse exigeraient.

Ce que nous avons dit jusqu'ici de l'exercice du pouvoir consultatif et du pouvoir administratif par le peuple, suppose qu'il s'agirait de lois organiques, de travaux de longue haleine, où l'étude et l'application peuvent être mûries à loisir; mais dans la vie d'un grand peuple il se présente journellement des questions d'urgence qu'il faut résoudre promptement, sous peine des plus grands dangers.

On conçoit, d'un autre côté, que le peuple tout entier, que les quarante mille assemblées communales ne devraient intervenir que dans les questions d'intérêt général, et que ce serait une chose inutile, et même impraticable, que d'appeler la France entière à délibérer sur un intéret communal, cantonal, et même départemental.

Et pourtant, même dans les questions d'urgence, même dans les questions d'intérêt local, le pouvoir exécutif ne devrait point agir sans avoir fait appel au pouvoir consultatif; c'est ainsi que dans les questions d'urgence, au lieu d'un appel aux assemblées communales, il en appellerait seulement à l'assemblée nationale consultative. Or, comme nous l'avons vu, cette assemblée, renouvelée chaque année, fruit d'une épuration électorale quatre fois répétée, issue à son origine du suffrage universel direct exercé dans les meilleures conditions, c'est-à-dire dans la commune, serait composée des hommes les plus éminents de France en tous genres et les plus dignes de confiance.

Cette assemblée deviendrait donc, à juste titre, le VÉRITABLE CONSEIL D'ÉTAT.

Quant aux questions d'intérêt local, il est clair que s'il s'agissait d'un intérêt communal, l'assemblée de cette commune et l'assemblée cantonale dont elle relèverait auraient seules besoin de délibérer; s'il s'agissait d'un intérêt cantonal, l'assemblée de ce canton et l'assemblée départementale de laquelle relèverait le canton auraient seules à délibérer.

Il en serait encore de même en ce qui concernerait les intérêts départementaux, qui relèveraient seulement de l'assemblée départementale et de l'assemblée nationale consultative.

CONSÉQUENCES DE L'ORGANISATION POLITIQUE DU PEUPLE.

La représentation du peuple dans la commune et l'organisation des assemblées hiérarchisées assureraient l'ordre, tout en permettant l'exercice de toutes les libertés illimitées.

Est-il possible, par un moyen quelconque, qu'un peuple puisse jouir pleinement, sans restriction, de toutes les libertés illimitées?

L'exercice de toutes les libertés illimitées est-il compatible avec l'ordre, avec la paix et la conservation de tous les droits légitimes?

Et d'abord, qu'est-ce que la liberté, qu'est-ce que l'ordre?

La liberté n'est pas, seulement le droit d'aller et de venir.

La liberté, au point de vue absolu, consiste pour chaque individu à pouvoir, donner pleine, entière, complète satisfaction à l'essor de toutes ses facultés morales, intellectuelles et physiques.

Si l'homme était unique au monde, et si ses actes n'intéressaient que lui-même, le règne de la liberté absolue, telle que nous venons de la définir, serait sans inconvénient, et à coup sûr ce serait le dernier mot du progrès humain. Mais l'homme n'existe point en dehors de la société dont il fait partie intégrante, et il ne peut accomplir aucun acte, il ne peut donner essor à aucune de ses facultés sans toucher ou intéresser, directement ou indirectement, un plus ou moins grand nombre d'autres hommes.

Or, tous les hommes ayant un droit égal au libre essor de toutes leurs facultés, il en résulte que nul individu ne doit attenter à l'exercice de ce droit chez un autre homme : de telle sorte que le libre essor de chaque individu rencontrant en tous sens le libre essor des autres individus sans avoir jamais le droit d'empiéter sur lui, il en doit provenir naturellement un équilibre de toutes les libertés individuelles. CET ÉQUILIBRE, C'EST L'ORDRE SANS LEQUEL AUCUNE SOCIÉTÉ NE POURRAIT EXISTER.

L'ordre est la garantie générale qui met la société à l'abri des excès de l'individualisme.

Voilà donc deux droits primordiaux et incompressibles :

1° LE DROIT DE L'INDIVIDU OU LIBERTÉ;

2° LE DROIT DE LA SOCIÉTÉ OU ORDRE.

Tel est le dualisme dont les deux termes égaux doivent obtenir une égale satisfaction, sous peine d'anarchie, de lutte et de révolution.

Entre ces deux termes, il ne doit y avoir ni compression, ni domination, ni absorption de l'un par l'autre, mais bien un équilibre spontané et dégagé d'entraves.

La liberté individuelle ne doit avoir pour limite que la liberté des autres individus.

L'ordre doit avoir pour limite et contrepoids la liberté de l'individu.

La loi de cet équilibre n'a point encore été trouvée, et depuis l'origine des temps, l'humanité oscille de l'un à l'autre, obéissant à un mouvement de va et vient entre l'ordre et la liberté. Tantôt l'ordre ou intérêt collectif, asservissant, comprimant la liberté, a engendré le despotisme ; tantôt la liberté ou intérêt individuel, brisant violemment cette mortelle étreinte, a enfanté l'anarchie et les révolutions.

Le problème consiste donc en ceci : que la société se trouve parfaitement garantie, sans attenter aucunement à l'essor libre de toutes les facultés de l'individu.

Jusqu'à présent, la société n'a eu d'autre garantie que l'autorité, que la force.

Mais si cette garantie a été suffisante tant que les individus faibles et ignorants n'avaient pas conscience de leurs droits, elle ne suffit plus aujourd'hui que chacun d'eux ayant pris possession de lui-même, ayant acquis la conscience de sa valeur, réclame impérieusement de la société la satisfaction de ses droits et l'exercice de sa liberté.

L'autorité n'existant plus, la force brutale étant devenue plus dangereuse qu'utile, la société n'a plus de garantie, elle n'a plus aucun moyen de s'opposer à l'envahissement de l'individualisme ; elle doit succomber, à moins qu'une organisation nouvelle, remplaçant la force brutale et l'autorité, ne vienne la sauver en établissant l'équilibre entre l'intérêt collectif et l'intérêt individuel, entre l'ordre et la liberté.

L'avenir de la société dépend de cette organisation, sans laquelle elle est destinée à périr.

Il est vrai que quelques publicistes ne craignent pas d'avancer que la société n'a pas besoin de garantie, et que, pour assurer l'ordre, il n'est pas de meilleur moyen que de détruire les derniers vestiges de force et d'autorité, que de donner libre carrière à l'essor illimité de toutes les libertés, que de donner champ libre à l'individualisme.

Ces publicistes supposent que cette liberté illimitée aura puissance de donner à la société, spontanément, sans organisation préalable, les garanties qui lui seront nécessaires.

Mais qu'est-ce qui prouve qu'au milieu du bouleversement et des ruines de l'autorité renversée, le peuple saura et pourra trouver un ordre social quelconque ? N'est-il pas plutôt à craindre que du pêle-mêle des partis, que du conflit des intérêts, et des passions, que de la lutte des diverses classes, ne résulte une inextricable anarchie, et que, loin de s'abriter sous l'égide de la liberté, le peuple égaré, mutilé, accablé de maux, de deux choses l'une : ou ne se livre à une destruction insensée amenant ainsi la chute de la civilisation, ou ne se retourne encore une fois vers une autorité (impossible il est vrai), recommençant encore cette œuvre sans issue d'une nouvelle réaction qui conduirait fatalement à une révolution nouvelle.

Détruire l'autorité, sans songer à sauvegarder la société, l'intérêt collectif; donner le champ libre à l'individualisme, sans une organisation qui le pondère et l'équilibre, c'est ne pas comprendre que la liberté de chaque individu ne peut provenir que de la liberté de tous les individus, que de la garantie donnée à la liberté de tous. L'homme ne saurait être vraiment libre que dans une société libre elle-même : or, la société ne peut être libre que moyennant une garantie certaine des droits de tous contre les atteintes de l'individualisme. Alors, une fois garantie, une fois en possession d'une organisation qui la mette à l'abri de l'individualisme, alors, seulement alors, il sera possible, et sans le moindre danger, de donner essor à la liberté illimitée.

Cette organisation de la société est à la liberté ce que la machine est à la vapeur; la vapeur est une force. Pour utiliser la vapeur il ne suffit pas de la produire, il faut l'appliquer à un mécanisme convenable; il en est de même pour la liberté : pour l'utiliser, pour en faire l'agent de toute l'activité humaine, il faut lui donner un mécanisme social.

Donner la liberté avant d'avoir créé ce mécanisme social, ce serait agir comme un mécanicien qui se contenterait de produire la vapeur sans avoir établi de machine destinée à l'utiliser.

Au lieu d'une force précieuse et féconde, il n'aurait plus créé qu'une force d'explosion.

Quant à nous, nous n'hésitons pas à le dire, si l'on veut donner au peuple la liberté illimitée à laquelle il a un droit absolu et incontestable, la première chose à faire est de donner à la société une organisation qui supplée à la mortelle impuissance de l'autorité.

Une fois cette organisation établie, vienne l'heure de toutes les libertés, elles ne pourront plus que produire le bien.

L'organisation qui, selon nous, doit remplacer l'autorité, c'est la création des assemblées communales, C'EST L'ORGANISATION POLITIQUE DU PEUPLE LUI-MÊME.

Ces assemblées, dont l'organisation embrasserait la France entière, couvriraient complétement la société, l'intérêt collectif ou ordre; présentes sur tous les points, en face de l'individualisme partout à la fois, à toute heure et en tout lieu, elles établiraient par leur pression permanente et universelle, un équilibre entre l'ordre et la liberté, mettant ainsi la société à l'abri des abus de la liberté individuelle, sans armées, sans compression, par le fait seul de leur autorité morale.

C'est ainsi, par exemple, que ces assemblées suffiraient pour empêcher les atteintes que pourraient produire, et la liberté illimitée de la presse, et la liberté illimitée de réunion et d'association.

En ce qui concerne la liberté de la presse, la presse peut commettre deux genres de délits ; l'attentat contre l'individu, l'attentat contre la société.

L'attentat contre l'individu doit demeurer soumis à la juridiction ordinaire, l'individu attaqué dans ce cas étant le meilleur juge des mesures qu'il a à prendre pour défendre ses intérêts ou son honneur.

Quant à l'attentat contre la société, il peut avoir lieu de deux manières, ou par la publication de mensonges ou par la publication de principes subversifs et d'excitations à la révolte. En cas de mensonge, au lieu de faire appel aux tribunaux, à la justice, au lieu de réclamer l'amende et la prison, ne suffirait-il pas que le journal convaincu de mensonge fût obligé d'insérer une rectification faite au nom de l'assemblée de la commune dans laquelle il serait publié?

N'est-il pas évident qu'un journal pris deux fois en flagrant délit de fausseté perdrait toute considération, tout crédit et serait ainsi réduit à disparaître?

En cas d'appel à la force, à la révolte, en cas de publication de principes subversifs, n'est-il pas de toute évidence qu'appeler un peuple à se révolter lorsque, par le moyen de sa représentation dans la commune, il peut à chaque instant faire connaître ses vœux et ses besoins, et forcer les gouvernements à y donner satisfaction, serait un acte de démence, un acte ridicule, indigne de répression : l'opinion publique en ferait immédiatement justice par l'abandon.

Or, la presse ne pouvant plus mentir et n'ayant aucune espérance à concevoir en prêchant les principes subversifs ou en faisant appel à la révolte, la presse deviendrait ce qu'elle aurait toujours dû être, le sacerdoce de la pensée, l'initiatrice de tous les progrès, le propagateur de toutes les vérités.

La presse, ne pouvant matériellement faire de mal, ne ferait plus que rendre au pays les services qu'on a droit d'en attendre.

Quant au droit illimité de parler, de se réunir, de s'associer, il est clair que ces libertés ne pourraient devenir nuisibles, dangereuses, que dans le cas d'appel à la force, à la révolte, ou bien dans le cas où une réunion d'hommes, une association, deviendrait attentatoire aux droits ou aux libertés des autres hommes; mais du moment que la liberté et les droits de tous seraient mis à l'abri de toute atteinte, il ne pourrait résulter aucun inconvénient de l'exercice de ces libertés illimitées.

Nous admettons donc qu'alors même que chaque commune aurait son assemblée choisie librement au suffrage universel, tous les habitants de la commune demeureraient libres de se réunir et de s'associer comme bon leur semblerait, n'écoutant pour cela que leurs intérêts ou leurs opinions.

Il n'est pas douteux qu'en dehors de l'assemblée communale représentative de la commune, il se formerait de nombreuses réunions où se discuteraient, soit des opinions politiques, soit des théories économiques, soit des questions religieuses.

Tant que ces discussions n'intéresseraient que la réunion qui les soulèverait, on conçoit que nul n'aurait rien à y voir; mais aussitôt qu'une réunion aurait accepté une motion, si cette motion intéressait, soit la commune, soit le pays, il faudrait bien, pour que cette motion suivit son chemin, pour qu'elle pût acquérir une valeur, qu'elle en arrivât à être adoptée par la majorité des habitants de la commune.

Par conséquent, toute réunion qui aurait à faire une motion viendrait naturellement la soumettre à la discussion de la représentation communale. Alors, si elle était adoptée, ce serait la preuve qu'elle est favorable aux intérêts ou aux opinions de la majorité de la commune; si elle était rejetée, ce serait la preuve du contraire.

Dans ce dernier cas, la réunion ou l'association dont la motion aurait été rejetée, s'appliquerait à conquérir la majorité dans la commune, afin que l'année suivante cette majorité renouvelant l'assemblée communale, la réunion auteur de la motion pût obtenir un vote plus favorable.

Il est facile de concevoir, et l'expérience l'a surabondamment prouvé, que du moment qu'une réunion, qu'une association d'hommes ayant fait une motion, ayant élaboré un projet, pourrait faire discuter cette motion ou ce projet par les intéressés eux-mêmes ou par leurs représentants, il n'y aurait plus à craindre que cette réunion fit jamais appel à la violence, à la force. ON NE SE BAT QUE LORSQU'ON NE PEUT PAS DISCUTER.

Et si les clubs dont on s'est tant effrayé après 1848 ont quelquefois tourné à la violence, c'est qu'ils n'avaient pas d'issue, pas de voie ouverte à leurs discussions.

Ne pouvant espérer faire adopter leurs projets par la discussion, ils en arrivaient à ne compter que sur la force, tandis que si les assemblées communales eussent existé alors, ouvrant une issue à cette ébullition révolutionnaire, elles auraient régularisé les clubs, elle les auraient moralisés.

Les clubs, enfin, devenant les initiateurs pacifiques du peuple, le gymnase de son éducation politique, fussent devenus aussi utiles qu'ils ont été quelquefois inutiles et nuisibles.

Ainsi que nous venons de le voir, l'organisation des assemblées hiérarchisées offrirait à la société une garantie supérieure à celle qu'elle a jamais obtenue soit de l'autorité, soit de la force brutale; et en même temps que cette organisation assurerait l'ordre, elle assurerait la paix et la conservation des droits légitimes, puisque, donnant à l'individu le libre essor de toutes ses facultés, c'est-à-dire la liberté illimitée, elle opérerait enfin l'équilibre et la conciliation entre l'intérêt individuel et l'intérêt collectif, entre la liberté et l'ordre.

L'organisation du peuple en assemblées hiérarchisées rendrait l'ambition individuelle aussi utile à la société qu'elle lui est aujourd'hui nuisible.

Une des causes les plus actives et les plus fréquentes des révolutions est souvent l'effort d'une individualité puissante qui, pour conquérir la place que réclament ses facultés supérieures ou une vanité excessive, cherche à se faire jour par tous les moyens en son pouvoir, soit l'écrasement du faible, soit l'intrigue ou la force, et arrive ainsi à ébranler la société jusque dans ses fondements.

La prudence, le plus simple esprit de conservation, devrait donc tendre à faciliter à ces efforts désespérés de l'ambition, un moyen régulier et permanent de se faire jour sans qu'elle fût forcée à employer des moyens subversifs et trop souvent honteux.

Qu'il se manifeste en France, dans les derniers rangs de la société, une individualité puissante, alors de deux choses l'une : ou cette individualité que la Providence aurait fait naître pour les plus hautes destinées demeurerait ensevelie dans les langes fangeux de l'ignorance, privant ainsi la société des services qu'une haute intelligence, qu'un grand génie peut-être, eût pu lui rendre dans les arts, dans les sciences, dans l'industrie. Hélas! combien d'hommes supérieurs n'ont pas vaincu les obstacles et n'ont pas accompli leur destinée! Ou bien cette intelligence inconnue, ignorée, poussée par une ardeur invincible d'avancement, emploierait tous les moyens pour arriver, labeurs, intrigues, violences, jusqu'à ce qu'enfin elle fût parvenue, au milieu des ruines et du bouleversement qu'elle aurait produits à conquérir la place lui appartenant de droit.

Il est clair que la société, constamment broyée sous les pas de ces ambitions impétueuses, succomberait sous les maux qui naissent de leurs efforts; tandis que si la société était organisée, la capacité, l'ambition, trouvant leur issue naturelle, cesseraient d'être des instruments de destruction.

Et, en effet, avec l'organisation des assemblées hiérarchisées, une voie large, une route régulière et facile serait ouverte à l'ambition, qui, n'ayant plus à lutter contre les obstacles, n'aurait d'autres limites, pour ainsi dire, que ses facultés mêmes.

Ainsi, qu'une intelligence quelconque surgisse dans une commune de France, et à l'instant cette intelligence, réagissant sur son milieu, sur la commune, influençant par ses travaux, par les services rendus, par ses écrits, par sa parole, par ses théories, ses concitoyens, cette intelligence, à coup sûr, serait choisie pour faire partie de l'assemblée communale.

Si cette intelligence était supérieure à ces fonctions, si elle se plaçait en première ligne parmi les membres de cette assemblée, il est clair que l'assemblée communale, ayant à nommer des délégués pour former l'assemblée cantonale, choisirait de préférence l'homme qu'elle aurait reconnu le plus capable.

Si l'individualité dont nous parlons maintenait sa supériorité dans l'assemblée cantonale, il n'est point douteux qu'elle serait nommée par cette assemblée pour faire partie de l'assemblée départementale qui, à son tour, si elle reconnaissait encore la même supériorité, la délèguerait à l'assemblée nationale consultative, l'un des postes les plus élevés que l'ambition pût atteindre.

De telle sorte que, par le fait seul de ses talens, de son intelligence, de ses mérites, cet homme, qui fût demeuré méconnu ou étouffé au fond de sa commune, dans l'état actuel de la société, qui eût ainsi privé la société des services qu'il eût pu lui rendre, cet homme arriverait naturellement à son rang, par la force des choses, sans intrigues, sans bassesses, sans luttes, sans avoir besoin d'autres secours que de fournir des preuves de sa capacité et de son dévouement.

Or, un ambitieux ne pouvant ainsi parvenir que par l'évidence de ses talents, de son utilité, en serait forcément amené à en donner d'autant plus de preuves, à devenir d'autant plus utile, et rendrait des services d'autant plus grands que son ambition serait plus vaste et plus dévorante.

Par conséquent, plus il y aurait d'ambitieux, plus leur ambition serait intense, plus la société en retirerait d'avantages, puisque les services rendus seraient la seule voie ouverte à cette ambition.

Mais, dira-t-on, la société ne souffre pas autant des efforts désespérés des ambitieux qui parviennent, que de ceux des ambitieux qui ne peuvent parvenir, que de leur envie et de leur haine, et de leurs efforts incessants pour renverser et supplanter ceux qui ont obtenu le succès. Tout emploi, comme aujourd'hui, serait convoité par de nombreux prétendants, un seul emploi ne pouvant satisfaire qu'un seul homme.

La société continuerait donc d'être en proie à l'ambition inassouvie des postulants évincés; par conséquent les excès, les révolutions, trouveraient plus d'aliments même que par le passé, le nombre des ambitieux s'accroissant sans mesure.

Oui, en effet, aujourd'hui les ambitions inassouvies demeurent pleines de haine et se croient en droit de se servir de tous les moyens pour parvenir, parce que les emplois ne se donnent pas au vrai mérite, mais bien au népotisme, à l'intrigue, à la bassesse; de telle sorte que tous ceux qui ne sont pas nommés, ayant au moins autant de titres que leurs compétiteurs nommés, acquièrent ainsi le droit de protestation, droit qui s'élève jusqu'à la révolution, quand il s'agit d'une intelligence supérieure.

Mais que les emplois ne soient plus donnés qu'au mérite, à la capacité, au dévouement; qu'il s'établisse un concours entre tous les compétiteurs; que chaque ambitieux vienne faire juger ses titres, et, à coup sûr, avant que le jury, c'est-à-dire le peuple organisé en assemblées hiérarchisées, ait prononcé, il arriverait ce qui arrive aujourd'hui toutes les fois qu'il y a concours. Les postulants se rendraient justice eux-mêmes, et ils auraient bientôt reconnu parmi eux le plus digne, le plus capable, l'homme supérieur auquel appartient l'emploi de droit.

Jamais, dans un concours loyal, on ne vit les éliminés protester contre un vrai mérite.

De cette manière, les efforts de l'ambition n'offriraient plus le honteux spectacle de l'avidité, de l'égoïsme; ils ne seraient plus qu'une honorable émulation entre des hommes dévoués à l'intérêt général, qui n'auraient d'autre but que de parvenir, au moyen des services qu'ils rendraient à la société.

L'ambition deviendrait alors, ce qu'elle est réellement, un ressort providentiel, qui n'a produit jusqu'à présent de funestes résultats que parce que la société n'étant pas organisée, n'offrait aucune issue à son essor et ne savait pas l'utiliser à son profit.

L'organisation du peuple en assemblées hiérarchisées resserrerait l'unité nationale, tout en permettant la décentralisation.

Centralisation et décentralisation est une de ces importantes questions qui deviennent le sujet d'une controverse éternelle, dont le résultat le plus direct est une obscurité chaque jour plus profonde.

La centralisation, aux yeux de beaucoup de gens, est synonyme de despotisme, d'autorité absolue, de bureaucratie inique, de jalousie, d'immobilisme, de perte de temps, d'impuissance et de vexations.

Décentralisation, aux yeux de certains autres, signifie anarchie, résistance, dislocation du pays, désobéissance aux gouvernements, rupture de l'unité française.

Les deux choses sont vraies : la centralisation, telle qu'elle existe aujourd'hui, étouffe l'essor de la nation, paralyse son activité et devient réellement un instrument de despotisme et de bureaucratie; la décentralisation, au contraire, telle que l'entendent ses partisans qui en veulent faire une machine politique, n'ayant pour but que de soustraire la France à l'unité pour renverser tel ou tel gouvernement, serait le signal de la ruine du pays et de ses libertés.

Centralisation et décentralisation ainsi comprises produiraient donc des résultats également funestes.

Ce qu'il y a de positif, c'est que loin de penser à détruire la centralisation, loin de songer à relâcher les liens de l'unité nationale, il faut tendre sans cesse et sans repos à les constituer plus fortement encore, tout en laissant à chaque citoyen, à chaque fraction individuelle ou collective, une plus grande indépendance.

Aujourd'hui, sous le prétexte d'avoir la centralisation, on n'en a que le masque; il semblerait que le gouvernement tient dans sa main toutes les forces du pays; il n'en est rien : le gouvernement règne, mais il ne gouverne pas.

Le gouvernement dépend de tout le monde. Ne connaissant et ne pouvant connaître ni les hommes, ni les choses, il est forcé de s'en rapporter au premier venu, soit pour juger les choses, soit pour choisir les hommes.

C'est ainsi que la centralisation, au lieu de mettre en rapport chaque fraction du pays avec le gouvernement, n'aboutit tout uniment qu'à opérer la centralisation au profit de quelque général, de quelque préfet ou sous-préfet, de quelque magistrat, de quelque maire, puisque le gouvernement ne peut rien faire par lui-même.

En un mot, tout le monde décide pour le gouvernement, qui lui ne décide jamais rien.

Le bon sens indique bien d'ailleurs que tout autre résultat est impossible; car il n'est point permis à un gouvernement d'étudier sérieusement toutes les questions, de connaître les vœux, les besoins, les ressources de toutes les communes de France; il est matériellement impossible qu'un gouvernement puisse faire face aux milliers de questions posées chaque année par la France entière.

Aussi, le gouvernement n'étudie pas, ne décide pas : il se voit forcé d'abandonner l'étude à des agents qui, en fait, décident toutes les questions.

Et pourtant, il est absolument indispensable que sur toutes ces questions, qui, en vertu de la centralisation, sont aujourd'hui soumises à l'examen direct du gouvernement, un contrôle soit opéré; car si chaque commune, si chaque canton, si chaque département pouvait en toute liberté décider en dernier ressort et sans contrôle sur tous les points qui les intéressent, le pays ne tarderait pas à tomber dans un profond désordre; les agglomérations d'hommes, plus peut-être encore que l'individu, étant susceptibles d'entraînement et d'aveuglement passionnés, ont besoin d'être garanties contre elles-mêmes.

Le but apparent de la centralisation est justement l'exercice de ce contrôle; or, pour qu'un contrôle soit efficace et réel, il est de toute nécessité que le contrôleur soit à même de juger en connaissance de cause.

C'est ainsi que lorsqu'une commune veut faire construire un édifice d'utilité communale : une mairie, une école, une église; lorsqu'un canton veut faire construire une route, il est indispensable qu'un contrôle indépendant, en dehors de l'entraînement des habitants de la commune et du canton, juge froidement la situation, examine si le besoin est bien réel et si la commune et le canton possèdent des ressources suffisantes pour mener à bien l'entreprise proposée.

Ce contrôle nécessaire, si mal exercé jusqu'à ce jour, et au moyen de formes si vexatoires, par le gouvernement, doit être exercé sans perte de temps, sans dépenses, en toute connaissance de cause, par la hiérarchie des assemblées.

C'est ainsi que la commune relèvera de l'assemblée cantonale; le canton, de l'assemblée départementale; le département, de l'assemblée nationale.

Supposons qu'il s'agisse de construire une mairie dans une commune quelconque, au lieu, comme aujourd'hui, de forcer les administrateurs de cette commune à venir se morfondre dans les antichambres des sous-préfets et des préfets; au lieu de leur faire attendre pendant des années la réponse à leur demande; au lieu d'écrire des monceaux de papier; au lieu de rendre, ainsi qu'un critique patient l'a démontré tout dernièrement, des centaines d'ordonnances, de votes, de délibérations, de visites,

La commune qui aurait à faire construire une mairie, adresserait purement et simplement les plans et devis, l'état de ses recettes, l'exposé de ses besoins, à l'assemblée cantonale dont elle relèverait.

De telle sorte que chaque assemblée cantonale n'ayant à étudier que les affaires des communes de sa circonscription, connaissant à fond tous les besoins et toutes les ressources de chacune de ces communes, éclairée d'ailleurs par les délégués de l'assemblée communale faisant partie de l'assemblée cantonale, cette dernière pourrait prononcer simplement, sans frais, sans tracasseries de bureau, un jugement en toute connaissance de cause; jugement raisonné, fondé, impossible aujourd'hui au gouvernement qui, au lieu d'avoir à étudier les intérêts de quinze à vingt communes, se voit forcé d'étudier les intérêts de 40,000 communes, de 2,500 cantons, ce qui est bien moralement et matériellement impossible.

S'il s'agissait au contraire d'un travail à opérer dans un intérêt cantonal, d'une route, par exemple, d'un canal d'irrigation, la même marche serait suivie; au lieu de s'adresser au bureau des travaux publics à Paris, le canton adresserait ses documents à l'assemblée départementale dont il relèverait, laquelle, ayant naturellement par sa position, une connaissance approfondie de la question, porterait un jugement en toute maturité.

Ainsi serait-il des départements qui, eux, relèveraient de l'assemblée nationale consultative pour tout ce qui concernerait les travaux d'utilité départementale.

De telle sorte que la centralisation ainsi opérée par la hiérarchie des assemblées, loin d'être relâchée, serait fortifiée, concentrée, énergique, réelle, et surtout concilierait à la fois les exigences de l'unité nationale avec la liberté et l'indépendance auxquelles a droit toute fraction du pays.

CONCLUSION.

Si on nous donnait le pouvoir,
qu'en ferions-nous?
DE FLOTTE.

L'organisation politique que nous venons de décrire trouvera certainement de nombreux adversaires; les coryphées du principe d'autorité de toutes les couleurs, de toutes les classes, de tous les partis, de toutes les écoles, la trouveront trop utopique et trop radicale. D'un autre côté, les partisans du gouvernement direct du peuple la repousseront peut-être comme n'étant pas assez radicale et assez absolue, comme donnant encore trop d'importance à la délégation et laissant trop à l'initiative du centre gouvernemental.

Voici ce que nous avons à répondre aux partisans de l'autorité, qu'ils appartiennent à la monarchie, à la dictature, à la théocratie ou à l'empire :

Si le principe d'autorité était l'unique et véritable base de tout ordre social et de tout gouvernement, pourquoi donc ne l'avez-vous pas conservé, ou tout au moins défendu, quand vous l'aviez entre les mains? N'avez-vous pas eu tour à tour la toute-puissance? N'avez-vous pas épuisé tous les prestiges? N'avez-vous pas été soutenus par la crédulité des peuples? N'étiez-vous pas appuyés sur des armées innombrables, sur des légions de créatures et de fonctionnaires? Eh bien! vous avez tout usé, divinité, légitimité, force, et tout cela a été inutile; vous avez tous laissé succomber l'autorité.

Ce n'était pas encore assez, il fallait pour que votre impuissance fût bien constatée, que la Providence remît de nouveau entre vos mains le pouvoir, afin de démontrer qu'il n'y avait pas de surprise, et qu'il était aussi impossible de conserver l'autorité quand on l'avait que de la reconstituer quand on l'avait perdue.

Or, un principe qu'on ne peut ni conserver ni reconstituer, est un principe caduc, un principe mort.

L'autorité étant morte, il est clair qu'il n'y a plus d'autre voie de salut ouverte à la société que la liberté.

Nous avons déjà dit plus haut aux partisans du gouvernement direct du peuple que, suivant nous, leur système, quoique fondé sur le droit, la vérité et la justice, était un idéal réservé à l'avenir, mais impraticable aujourd'hui par suite de l'obstacle que présentent l'ignorance, l'intolérance et l'organisation même de l'atelier producteur.

Mais à ces obstacles nous en ajouterons un nouveau, c'est que l'établissement immédiat du gouvernement direct suppose le succès d'une révolution nouvelle suivie d'une débâcle définitive et absolue de tous les décombres encore debout de ce qui reste d'autorité.

Cette révolution eut-elle lieu qu'il serait à craindre que l'opinion publique, n'étant pas encore conquise, que l'ignorance étant encore profonde sur les questions gouvernementales, le peuple soumis aux préjugés ne cherchât à reconstituer un gouvernement d'autorité.

Et non-seulement l'avènement du gouvernement direct ne serait point assuré par une révolution triomphante, mais encore cet avènement pourrait être reculé indéfiniment si une révolution préalable n'avait pas lieu, et elle n'aurait pas lieu, si le suffrage universel était rétabli dans sa sincérité, si les pouvoirs se décidaient enfin à rentrer dans la voie du progrès et de la liberté.

Or, sans révolution, il est évident que les transformations politiques ne se feront que successivement et lentement, ce ne sera que peu à peu, après de nouveaux essais, que le peuple français, abandonnant à jamais les pouvoirs d'autorité, adoptera la liberté. Nous aurons donc, dans ce cas, une succession prolongée peut-être de présidents ou d'assemblées avant d'arriver à l'absolu.

Mais comme nous avons démontré qu'à défaut de l'organisation politique du peuple et de son intervention, les gouvernements sans exception, privés de point d'appui et de mécanisme administratif, étaient fatalement voués à une radicale impuissance, il en résulterait qu'en attendant que la France ait épuisé les transformations du mécanisme politique, nous verrions chaque jour s'accroître les maux qui l'accablent.

Nous ne pouvons nous résigner à cette pensée et nous préférons subir l'accusation de n'être pas assez absolu ni assez radical, et présenter un système plus facile à mettre en pratique, plus en harmonie avec l'état actuel des choses, et qui pourrait immédiatement produire ses féconds résultats, quelle que fût l'organisation politique que le peuple adoptât dans l'exercice de sa souveraineté.

Et nous sommes d'autant plus confirmé dans cette opinion, que la représentation du peuple dans la commune et l'organisation des assemblées hiérarchiques nous donnent la solution de deux problèmes politiques des plus importants :

La séparation des pouvoirs ;

La pondération et l'équilibre des pouvoirs.

Le principe de la séparation des pouvoirs, quoique universellement accepté, n'en est pas pour cela mieux réalisé dans la pratique ; en effet, aujourd'hui la promiscuité la plus complète règne dans les pouvoirs.

Le pouvoir exécutif est en même temps le pouvoir administratif, le pouvoir consultatif, le pouvoir législatif ; de telle sorte que les mêmes hommes prennent l'initiative des lois, se donnent le conseil à eux-mêmes, votent les lois et cherchent à les appliquer ; de là une inexprimable confusion politique qui suspend constamment le pays sur l'abîme des révolutions.

Dans le système que nous proposons, la séparation est absolue et la promiscuité impossible.

Le pouvoir exécutif prend en général l'initiative des lois (1) et surtout il en surveille la mise en pratique.

Le pouvoir consultatif exercé par la représentation du peuple dans la commune élabore les lois et donne le conseil.

Le pouvoir législatif, c'est-à-dire le vote des lois, est remis au peuple lui-même.

Le pouvoir administratif est confié aux assemblées hiérarchiques.

Or, de la séparation des pouvoirs résulte la pondération et l'équilibre entre eux.

La pondération des pouvoirs n'est pas moins nécessaire que leur séparation ; c'est le seul moyen de prévenir les entraînements irréfléchis et les dangers qui en peuvent résulter. Dans tous les temps, dans tous les pays, sous toutes les formes de gouvernement, sauf sous le despotisme absolu, les lois de cet équilibre ont été avidement mais vainement cherchées ; telle est l'origine du gouvernement représentatif, telle est la base de la république des Etats-Unis.

L'organisation de la République Française actuelle manque absolument de pondération et d'équilibre ; elle est gouvernée par un président et une assemblée qui ont des pouvoirs égaux et une commune origine, également délégués au même titre, — au lieu de se faire équilibre, ces deux pouvoirs pèsent ensemble dans le même plateau de la balance politique dont il ne font par leur double pesanteur qu'accélérer la chute.

Il en serait encore de même d'une assemblée unique, voire même du ministre dirigeant de M. de Girardin ; tous seraient des gouvernements sans contre-poids et par cela même destinés à une chute rapide.

Il n'en serait pas ainsi dans le système que nous proposons. L'origine, la composition et les fonctions seraient tout-à-fait séparées et différentes.

Le pouvoir exécutif, choisi par le peuple, serait pondéré

(1) Ce qui n'empêcherait aucun individu en France de prendre l'initiative d'une mesure utile qu'il aurait à soumettre aux assemblées communales.

par les assemblées communales, sans lesquelles il ne pourrait agir.

Et dans ce cas, le gouvernement choisi par le peuple, le pouvoir exécutif, représenterait l'action, le principe initiateur; les assemblées communales, par leur masse même et par leurs fonctions consultatives, représenteraient le principe conservateur attribué, faute de mieux jusqu'à ce jour, aux sénats, aux chambres des pairs et des lords.

Et en cas de conflit entre le progrès et la conservation, entre le mouvement et l'immobilité, interviendrait le vrai souverain, le peuple lui-même, qui, votant les lois, nommant le pouvoir exécutif et les assemblées communales, déciderait en dernier ressort, par son vote ou ses élections, des prétentions du pouvoir exécutif ou des assemblées communales.

L'organisation politique du peuple offrant tant d'avantages et étant si facile à mettre en pratique immédiatement et sans révolution, quelle que soit d'ailleurs l'organisation du pouvoir exécutif et du pouvoir législatif, peut donc être acceptée par tous les partis, par toutes les classes, par toutes les écoles, toutes devant y trouver la plus complète satisfaction.

Les partis, en ce sens que chacun d'eux ne pouvant avoir d'autre prétention que celle de mieux faire le bien que tous les autres, que d'être mieux en mesure de faire le bonheur du peuple, auraient par conséquent le plus haut intérêt à soumettre au peuple tout entier, par l'entremise des 40,000 assemblées communales, leurs espérances, leurs projets, afin de conquérir la majorité du pays.

Les classes : — Parce que le peuple étant organisé, étant rassuré sur ses droits par cette organisation, certain qu'il serait de pouvoir en tout temps faire entendre sa voix et adopter ses volontés, le peuple désarmerait et l'ère des révolutions violentes serait close, les luttes désespérées, les pensées d'extermination, l'emploi de la force brutale, ces derniers vestiges de la barbarie disparaîtraient et feraient place au respect de tous les droits légitimes, à la libre discussion.

Les écoles — et les sectes quelles qu'elles soient, économistes, socialistes, philosophiques ou religieuses, qui toutes poursuivant le même but, c'est-à-dire la réalisation de leurs théories et de leurs principes, trouveraient dans ces assemblées communales un moyen assuré de saisir le peuple de leurs doctrines et de conquérir la majorité par un choix librement fait et uniquement fondé sur la justice et la raison.

Les partis, les classes, les écoles et les sectes ont donc un intérêt commun à favoriser l'organisation politique du peuple, telle que nous la concevons; car cette organisation leur fournissant les moyens de soumettre leurs vœux aux assemblées communales, il en résulterait que si un principe juste, une théorie vraie, un système pratique était présenté, ce principe, cette théorie, ce système seraient mis immédiatement en étude sur toute la surface de la France, anatomisé pour ainsi dire par le peuple lui-même, seule condition d'un succès définitif et inébranlable.

Si cette organisation existait, si les assemblées communales constituaient un jury appelé à juger toutes les questions, on ne verrait pas les partis se déchirer, les classes se menacer, pendant que les écoles divisées entre elles, ne pouvant trouver ni juges ni arbitres pour prononcer sur leurs doctrines, s'acharnent à une propagation exclusive de leurs théories, chacune d'elle se croyant seule en possession de la vérité.

Cette organisation serait bien plus utile pour elles encore au lendemain d'une révolution, et une révolution n'est pas une chose tellement impossible qu'il ne faille la prévoir : d'un moment à l'autre les écoles et les sectes peuvent se trouver dans la situation où ont été en Février les républicains de la veille, auxquels il est tombé sur les bras une république dont ils n'ont su que faire après l'avoir tant sollicitée ; de même à chaque instant une république socialiste peut tomber sur les bras des socialistes et des économistes, lesquels, pas plus que les républicains de la veille ne l'étaient, ne sont prêts à la recevoir, car leurs théories ne sont point encore suffisamment élaborées et surtout ne sont point assez répandues.

Pour que les économistes et les socialistes fussent prêts à accepter le pouvoir, il faudrait qu'ils eussent un corps de doctrine qui pût faire autorité, et qui, mûri, élaboré, fût prêt à être mis en pratique. De toutes ces conditions si indispensables, aucune n'existe.

De telle sorte que s'il surgissait une nouvelle révolution, les écoles et les sectes, prises au dépourvu, renouvelleraient les hontes de Février ; elles ne feraient rien, elles ne pourraient rien faire et bientôt le pays encore une fois trompé, s'enfoncerait plus profondément, s'il était possible, dans la misère et dans le désespoir.

Il est probable que soit par la force des choses, soit par la ruse, soit par la violence, une école réussirait à s'emparer du pouvoir ; or, comme chaque école économiste ou socialiste a la prétention de posséder exclusivement la vérité, il arriverait que l'école qui se serait emparée du pouvoir, qui serait devenue gouvernement, non seulement comme tous les autres gouvernements se trouverait sans force, sans appui, sans mécanisme administratif, par le fait de l'inorganisation du peuple, en butte aux attaques de tous les ennemis des réformes ; mais à tous ces obstacles viendrait se joindre un obstacle nouveau et terrible : l'antagonisme de toutes les autres écoles.

Les écoles et les sectes éloignées du pouvoir, convaincues de la fausseté des théories installées au gouvernement par l'école triomphante, s'acharneraient à sa destruction, et bientôt le peuple, entraîné par tant d'attaques, ne sachant plus discerner le bien du mal, le vrai du faux, prêterait les mains aux adversaires de l'école gouvernante qui ne tarderait pas à succomber. Assaillie de tous côtés par les écoles rivales et par les coalitions des priviléges, au lieu de pouvoir réaliser ses théories, elle serait obligée de faire de la propagande, c'est-à-dire qu'au lieu d'agir il lui faudrait parler, laissant ainsi aux ennemis des réformes le temps de renouer leur trame rompue et de préparer une nouvelle réaction.

Les écoles et les sectes doivent donc renoncer au pouvoir, car ce n'est pas de la force et de la puissance qu'elles ont besoin, c'est de la propagation, c'est du coucours des convictions. N'ayant point de corps de doctrine commune, divisées entre elles; qu'elles acceptent donc le peuple pour juge, lui, le seul intéressé, aux pieds duquel viendront expirer toutes les utopies, toutes les illusions, toutes les vanités, toutes les erreurs, tous les mensonges. Le peuple saura bien les mettre d'accord, en acceptant de chaque école, de chaque secte, ce qui lui paraîtra bon, juste et vrai, et en rejetant tout ce qui est faux ou empirique.

Au lieu donc de rechercher le pouvoir, au lieu de l'accepter si une révolution vous le jetait sur les bras, ô socialistes, économistes, philosophes et sectaires, hâtez-vous de le remettre au peuple lui-même, et si vous acceptez le pouvoir ne vous en servez que pour organiser le peuple. Organisez le grand jury appelé à juger toutes les théories sociales; par ce moyen, aucune école, aucune secte ne prenant la domination, toutes ne songeraient qu'à se faire juger, et à démontrer au peuple organisé, à leur juge, la supériorité et les mérites de leurs doctrines et de leurs principes.

Si donc, ô socialistes, ô économistes, si donc nous avons une nouvelle révolution, ne songez ni les uns, ni les autres, à vous emparer du pouvoir afin de réaliser, qui le phalanstère, qui la banque du peuple, qui le commerce organisé, qui le libre-échange, qui le crédit foncier, car chacun de ces systèmes a trop de contradicteurs pour pouvoir être admis d'autorité. Si vous étiez assez avides, assez orgueilleux, pour essayer de prendre le pouvoir comme moyen d'imposer vos théories, vous échoueriez inévitablement, vous égareriez encore une fois la révolution, vous aggraveriez les maux de la France, vous laisseriez passer l'heure favorable, et la France se retirerait encore une fois d'utopistes aussi dangereux qu'impuissants.

Entendez-vous tous pour organiser le peuple, et prenez-le pour juge. Souvenez-vous bien que l'autorité, le pouvoir des dictateurs ne feront jamais accepter vos théories; la raison seule, la discussion, la conviction pourra le faire. Organisez donc le terrain commun de la discussion, de l'étude, de la propagation, de la conviction; organisez le peuple et soumettez-lui vos théories.

Alors, ô vous tous qui tremblez d'effroi aujourd'hui à la pensée d'une révolution possible, gouvernants, bourgeois, prolétaires, républicains, économistes, socialistes, philosophes et sectaires, vous tous qui vous demandez : Que ferons-nous en cas d'une révolution nouvelle? vous tous qui, à cette question terrible, vous sentez défaillir, et qui pressentez bien qu'en cas de révolution il ne s'agira pas cette fois de demander au peuple trois mois de misère au service de la République, encore une fois que ferez-vous?

Hélas! si l'on en juge par ce que vous faites et par ce que vous avez fait, il est bien évident que vous ne saurez que faire.

La réponse est pourtant bien simple.

Ce n'est pas vous qui devez faire, c'est le peuple; c'est lui qui fait les révolutions, qui pose les problèmes : c'est à lui de les résoudre.

Le problème social intéresse tous les citoyens sans exception : tous les citoyens doivent donc se mettre à l'œuvre; tous doivent travailler à la solution, tous doivent intervenir dans l'étude et la réalisation, suivant la mesure de leur intelligence et l'importance de leurs intérêts.

Mais pour que le peuple puisse remplir cette mission, qui lui appartient à lui seul; pour qu'il puisse étudier et résoudre; pour qu'il puisse, enfin, mettre la théorie en pratique; en un mot, pour qu'il puisse faire ce qu'il a toujours attendu des gouvernements et ce que lui seul pouvait faire, il lui faut inévitablement une organisation.

Organiser le peuple, telle sera donc votre œuvre à tous, si l'avenir nous réserve une nouvelle révolution.

Plus de discours, plus de promesses, plus d'attente; pas d'autorité, pas de dictateurs, pas de théories ni de systèmes; surtout, pas de décrets.

Organisez le peuple, remettez-lui le pouvoir consultatif et administratif; alors le peuple organisé, au lieu de vous dévorer et de se dévorer lui-même, au lieu d'exiger, sous peine de renversement, de ses gouvernements ce qu'ils ne peuvent lui donner, le peuple, directement mis aux prises avec les difficultés, obligé de compter avec tous les droits, avec tous les intérêts légitimes; obligé de tenir compte de la liberté de chaque individu, le peuple, en pleine révolution, comprenant l'étendue d'une pareille tâche, se calmera subitement; il se recueillera.

Ne comptant plus sur les gouvernements ni sur les promesses des écoles et des sectes, des partis et des individus; n'ayant à s'en prendre qu'à lui-même des retards, des insuccès, puisqu'il n'entreprendra de réaliser que les systèmes qu'il aura étudiés, discutés, adoptés, il se mettra résolument à l'œuvre, et bientôt l'étude, la discussion remplaçant la violence et la lutte, une investigation ardente commencera; et alors, au lieu de trois mois, le peuple accordera au gouvernement de son choix le temps nécessaire pour arriver à une organisation meilleure.

Voilà ce qui vous sauvera, ô bourgeoisie, et préservera vos

droits légitimes; vous serez sauvée par la liberté, que vous avez tant maudite !

Voilà, ô prolétaires, ce qui vous assurera la liberté, l'égalité et la fraternité, et réalisera progressivement pour vous l'éducation, la propriété et le bien-être.

Voilà, ô gouvernements, ce qui vous donnera la force, le point d'appui, le mécanisme administratif, c'est-à-dire la gloire, la puissance et la durée.

Voilà surtout, ô socialistes, économistes, philosophes et sectaires, ce qui vous enlèvera la terrible responsabilité qui vous écraserait, si une nouvelle révolution éclatait sur la France, vous trouvant si peu prêts et si insuffisants.

Mais, dira-t-on, si la solution du problème social est abandonnée au peuple tout entier, s'il doit prononcer sans appel sur les intérêts des classes, des partis et des écoles, n'est-il pas évident que les intérêts du prolétariat étant en majorité, tous les intérêts opposés seront immédiatement sacrifiés, quelle que soit la justice et l'évidence de leur légitimité ?

Nous sommes convaincu que les choses ne se passeront point ainsi.

Lorsque le peuple se verra en face des difficultés, lorsqu'il sera appelé à les résoudre, tout en acceptant et sauvegardant les droits et la liberté de la société et de l'individu, il aura bientôt appris que, porter la main sur un droit ou sur une liberté parce qu'ils ne seraient pas les plus forts, ce serait attenter dans l'avenir à son propre droit, à sa propre liberté.

Publicité et liberté de discussion sont les plus puissants défenseurs de tous les droits légitimes.

En effet, que les haines les plus invétérées, que les projets les plus ténébreux soient obligés de subir la discussion publique et libre des assemblées communales; que les théories les plus subversives soient obligées de se faire juger à ce tribunal suprême du pays, et ce fait seul les frappera de mort.

Du moment qu'il faudra au grand jour, aux yeux de tous, présenter et soutenir une mesure spoliatrice des droits de la société ou de l'individu, nul homme ne sera assez audacieux pour oser préconiser l'injustice et la spoliation.

Que la discussion soit ouverte, et aussitôt ces projets, en apparence si terribles et qui ébranlent la société jusque dans ses fondements, viendront expirer au grand jour sous le mépris universel. Leur force ne provient aujourd'hui que de ce que leurs auteurs sont obligés d'agir dans l'ombre.

La révolution de Février a donné une preuve irréfutable de ce que nous avançons.

Le lendemain de la révolution, la nécessité de donner satisfaction à la tendance socialiste de cette révolution amena la création, dans quelques grandes villes, de comités dits du travail, tels, par exemple, que les comités du Luxembourg à Paris, et du palais Saint-Pierre à Lyon. On accuse généralement ces comités d'avoir fait tout le mal, d'avoir excité les passions et les haines, et pourtant nous croyons, quant à nous, que si la société a réussi à traverser sans périr le torrent révolutionnaire, c'est à ces tribunes calomniées qu'elle doit son salut. Sans elles, la bourgeoisie eût été broyée et renversée

Ces comités étaient un lieu de discussion où le peuple voyait ou croyait voir défendre ses droits; les hommes qui les composaient, à tort ou à raison, possédaient sa confiance.

Eh bien! par cela seul qu'il y avait une tribune ouverte où les intérêts du peuple pouvaient être discutés, le peuple, dès ce moment, ne songea plus à la violence; c'est ainsi que le comité de Lyon a vingt fois réussi à prévenir des agressions terribles; c'est ainsi qu'intervenant entre les ouvriers et les patrons, établissant entre eux un arbitrage de justice et de conciliation, il calmait les haines, il amenait des concessions qui résolvaient des difficultés, lesquelles, sans son intervention, se fussent vidées par la force, et à coup sûr les patrons n'auraient pas été les plus forts.

C'est ainsi que ces comités, par le fait seul de leur existence et de la publicité, donnaient une issue à toutes les théories, même les plus insensées, qui venaient expirer sous la discussion sans laquelle elles eussent fait explosion et brisé la société.

Les comités du travail, en éloignant le peuple des violences toujours inutiles, en l'amenant à rechercher la discussion, devinrent réellement les plus sûrs défenseurs de l'ordre et de la paix.

Et pourtant, il ne faut pas se le dissimuler, ces comités étaient formés en grande majorité d'hommes ennemis irréconciliables de la vieille société, puisque tous aspiraient à la détruire; et bien! par cela seul qu'ils étaient une assemblée, qu'il fallait discuter, qu'ils délibéraient publiquement, ces révolutionnaires se trouvaient transformés en conservateurs et en conciliateurs.

Quelle influence ces comités n'eussent-ils pas exercée, si, établis dans toutes les communes de France, si, nommés par le peuple lui-même, ils avaient été organisés partout, s'ils avaient fonctionné publiquement au milieu de la liberté illimitée de la presse et de la liberté de réunion et d'association.

Or, l'organisation politique du peuple représenté par les assemblées communales, serait justement appelée, selon nous, à généraliser les bienfaits de conciliation, d'ordre et de paix, si largement obtenus, quoique d'une manière incomplète, par la création spontanée de quelques comités du travail.

Donc, si l'on veut prévenir une nouvelle révolution, ou en cas de révolution si l'on veut sauver la société de l'anarchie, la seule chose à faire c'est d'organiser le peuple, et au lieu de chercher à mettre, d'autorité, les théories en pratique, c'est de mettre immédiatement ces théories à l'étude dans le sein des assemblées du peuple, afin que, s'éclairant par cette discussion, le peuple demande la réalisation des institutions nouvelles avantageuses pour tous, et qu'il puisse en opérer luimême l'application.

A ce prix est le salut de l'avenir.

FIN.

Paris. — Imprimerie Lange Lévy, rue du Croissant, 16.

www.ingramcontent.com/pod-product-compliance
Ingram Content Group UK Ltd.
Pitfield, Milton Keynes, MK11 3LW, UK
UKHW021034180726
13838UKWH00004B/1790